太田和彦のふらり旅

新・居酒屋百選

名酒放浪編

光文社新書

まぐろ 1000
かつを
ひらめ 1200
すずき
たこ 800
いかさし 800
〆さば 600
山かけ 600
かます焼 800
たち焼 800
新さんま焼 700

はじめに

２０１３年４月から、テレビＢＳイレブンで始まった１時間番組「ふらり旅　いい酒いい肴」は、２０１８年３月、全１２０回放送で終了。半年間の「休肝日」の後、10月から「ふらり旅　新・居酒屋百選」とタイトルを変え再開、現在も放送中です。

前回では番組本として、主婦の友社より『ふらり旅　いい酒いい肴』全３巻を発行し、47都市をとりあげました。今回は旅に持ち歩ける新書判サイズで新シリーズとしました。その第１巻です。

前回もふくめればすでに全国１８０もの町を巡り、同じ町を別アングルから見た２度目、３度目の旅もあります。

＊

ある調査で、中高年になってしたいことの第１位は国内旅行とありました。

海外旅行も2、3度行ったけれど、言葉は通じないし、お金の計算はできないし、治安は悪いし、パスポートを失くさないか心配だし、一人で町歩きもままならない。

国内ならば、言葉は通じるし、お金はわかるし、パスポートはいらないし、いざとなれば携帯電話がある。

また海外旅行のいちばんの思い出は、おしきせの観光レストランではなく、地元の人に連れられてこわごわ入った裏町の酒場だったりするが、国内ならば自分でそれができる。

しかし国内でもバスの団体旅行は、行動は制限され、時間に追いまくられ、気に入ったところもながくはいられない。知らない人と話すのも疲れる。夜くらい居酒屋でゆっくり自分の旅を楽しみたい。

＊

今、中高年夫婦に、ゆっくり居酒屋を巡る旅が人気です。それには最低2泊を奨めます。着いて翌日帰るのではあわただしい。朝その町で目覚めて、また眠るのが旅の良さ。

夫婦旅でも一日中一緒にいることはありません。私は美術館とお買いもの、オレは歴史を訪ねて町歩き。夜の居酒屋で一日を報告しあうのもよいものです。また、カウンターで居酒屋主人や女将と親しくなり、土地の話などうかがうのは旅の味わいを深めます。

番組は好評で、あのような旅をしてみたいというお便りをいくつもいただいたので、持ち歩きやすいハンディサイズにまとめました。

ご夫婦で、家族で、親孝行で、恋人と、仲間と、そして旅の醍醐味・一人旅にも、この本が役立てば幸いです。

２０２０年６月　　太田和彦

目次

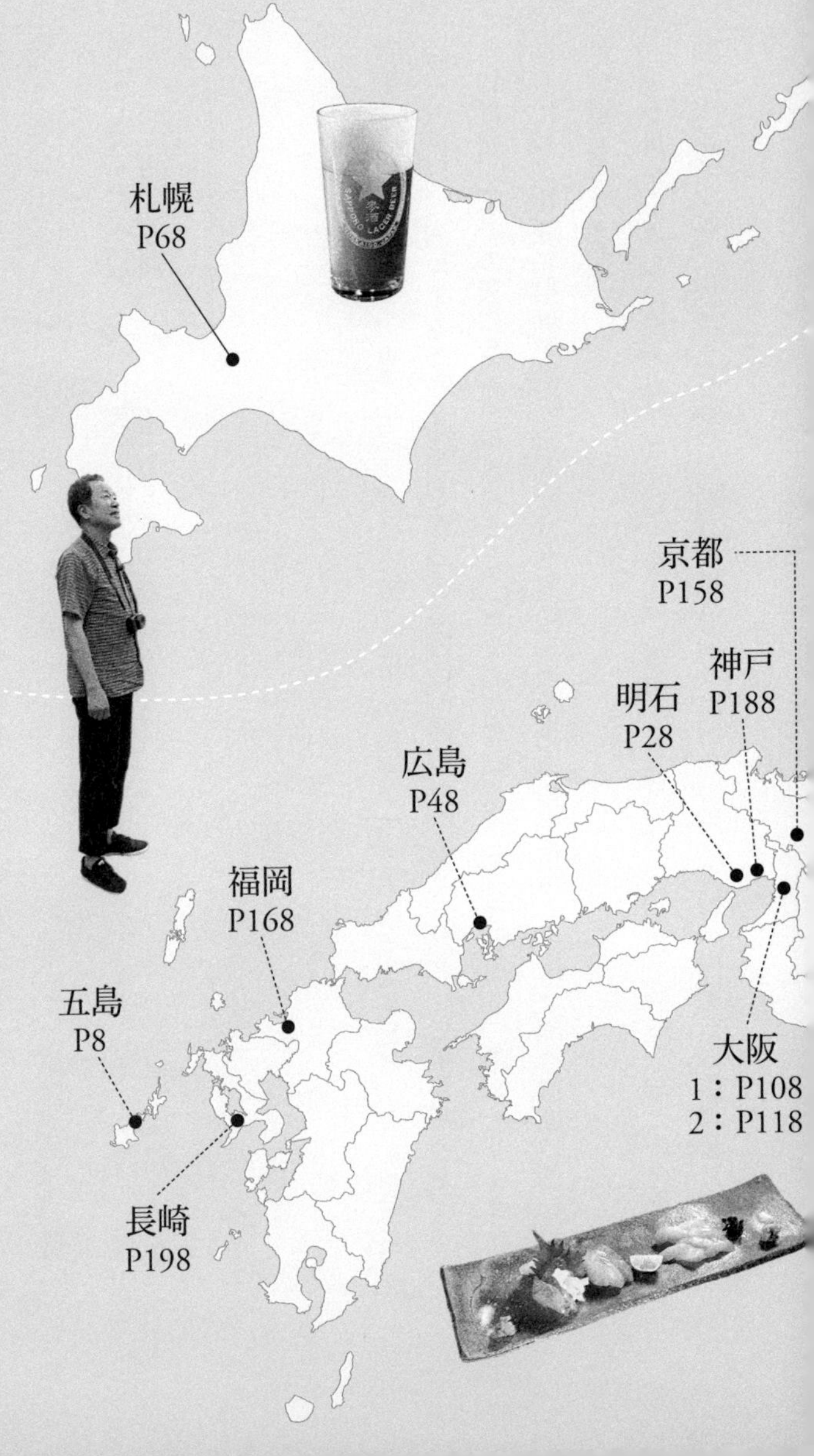
札幌
P68
京都
P158
神戸
P188
明石
P28
広島
P48
福岡
P168
五島
P8
大阪
1：P108
2：P118
長崎
P198

五島

信仰の島の温かさ

長崎から西へ約１００キロ。大小１５０あまりの島があるうちの五島《ごとう》列島は、北に上五島《かみごとう》（新上五島町）、南に下五島《しもごとう》（五島市）。かつて遣唐使が往復に寄港する島として重要だった。17世紀、幕府の禁教令が発布されると、本土の信者は天草や五島へ渡り、隠れキリシタンとして教会を建て信仰を続けた。今は「長崎と天草地方の潜伏キリシタン関連遺産」として世界遺産になった。

上五島からさらに離れた小島・頭ヶ島《かしらがしま》の、緑の山を背に建つ「頭ヶ島天主堂」の今の建物は大正８年築。地産・五島石の切石を積み上げた四角い塔に青い円形ドームを載せ、端を

頭ヶ島の遠浅の浜辺は、白雲が浮かんで穏やか。海遊びする大人や子供が大勢いた。

花形に丸くした十字架が上がる。左右対称中央の玄関から入った教会内部は、石肌を粗く残した堅固な外壁とは対照的に、アーチ窓から入る光がやわらかな優しさに満ち、守られたかのような安息感がただよう。聖像に手を合わせて外に出た正面は、十字架

山を背に美しい「頭ヶ島天主堂」は、強い信仰心を感じさせ、見下ろす浜辺にキリシタン墓地が広がる。

名産「五島石」を砕いて積んだ石垣は、海風から家を守る。

の並ぶ共同墓地を脇に、白砂の浜に青い海が広がり、安息を求めて島に来る人を両手で迎えているようだった。

中通島《なかどおりじま》、上五島の海べりの漁村は五島石の石垣で海風から家を守る。五島は漁業の島で、港に近い2階建ての瓦屋根には真っ赤な漁網が天日干しだ。

やや奥まった海の守り「金刀比羅神社」に「奉納　赤尾捕鯨工船一同」として、左右1メートルほどの鯨の石像が安置される。上五島は捕鯨基地として栄えた島。石の鯨は、大きな口に小さな目が笑っているようで思わず頭を撫でた。

かつて遣唐使が伝えたともいわれる五島うどん。この地区には26軒の製造所があり、「麺工房こんどう」は島のシンボル「椿」がマーク。

日本三大うどんに数えられる「五島うどん」は、椿油を塗った細麺で、茹でた大鍋から直接すくって食べる「地獄炊き」は、のど越しよく箸が止まらない。つゆはもちろん「アゴ（飛魚）」の干物からとった「アゴ出汁」。五島うどんの大好きな私はこれとセットで箱で取り寄せているほどだ。

訪ねた「**麺工房こんどう**」は毎朝4時半から練り上げを始め、乾麺になるのは夕方。6〜7時間の熟成が強い「腰」を作る。どこまでも長い細麺をぐるぐる回してハタかけし、長箸をくぐらせて簾《すだれ》のように風通しを作る様子はとてもきれいだ。ご主人は

「五島の祝い事の〆は必ずこれです」と笑った。

島はよいものだ。遠く大陸につながる海にゆっくり沈んでゆく赤い夕陽は、細かいことはどうでもよいと、悠々たる気持ちにさせた。

居酒屋の家族愛

南の島の夕暮れは遅くまだ明るいが、待てない気持ちで居酒屋「**寄り処　満**《みつ》」へ。履物を脱いで上がった板の間のすぐそこがカウンターだ。さあて、ここはやはり海の島、〈刺身盛り合わせ〉でいこう。ビール片手に待つことしばし、届いた特大皿は色鮮やかに超大盛りだ。

「こ、これ、一人前？」

「そうです」

みごとな包丁捌《さば》きは、マダイ・ヒラマサ・マグロ・タコ・カツオ・鯨ベーコン・五島牛が各6〜8切れ。優に5人前はあり、それで１５００円！　しばし眺めて箸を伸ばすと、そのヒラマサ、柔らかなタコ、軽いロースト五島牛のうまいことよ。包丁を持つ若主人は「島ま

寄り処　満

これで一人前は、私の刺身盛り史上最高！　すべて五島産。厚切り、薄切り、隠し切りとほどこされた包丁仕事も美しい。

腹に詰め物する箱フグは本当に四角い。奥はお母さん、中に立つのが若主人、カウンター右は客で来たその兄。温かい家族の店。

で来てくれたのだから、せめて大盛りに」と笑う。

　私の隣の隣で一杯傾けるのは若主人の兄で漁師。兄の獲る魚を皆に食べさせようと弟が板前修業してここを開いたそうだ。その孝行息子2人をお母さんがにこにこ見守る。五島名物〈箱フグ〉は四角い一尾の腹に、ほぐし身や葱を味噌で和えて詰め、腹を上にして焼いたもの。蓋にした腹皮を開けるとほわりと湯気が立ち、いかにも漁師料理らしく野趣満点だった。


　さてもう一軒「**潦《たま》り茶屋　し㐂《き》**」へ。板座敷隅に円座を並べたカウンターに座り、おお、大好物の干物〈塩あご〉がある。並ぶ一升瓶の焼酎「五島灘」は、稲作のない島には酒蔵がなかったが、さつまいもを使って五島列島初の酒造りを始めた「**五島灘酒造**」の代表銘柄。「黒麹」「白麹」があり、他に「夕なぎ」「教会《いのり》の島」などの銘柄も。「黒麹」はしっかり、「白麹」はやわらかく、島内限定の「五つ星」は氷1個のオンザロックがうまい。合わせた〈クエの胆皮和《きもかわあ》え〉〈キジハタあらだき〉は力作だ。

　板座敷も天井もぴかぴかに磨き上げられた店内は、女将の建築士だったご主人の仕事で20

潦り茶屋 し㐂

大好物の、一夜干し塩あごの頭だけむしってがぶり、そして芋焼酎「五島灘」。まったく言うことなし。

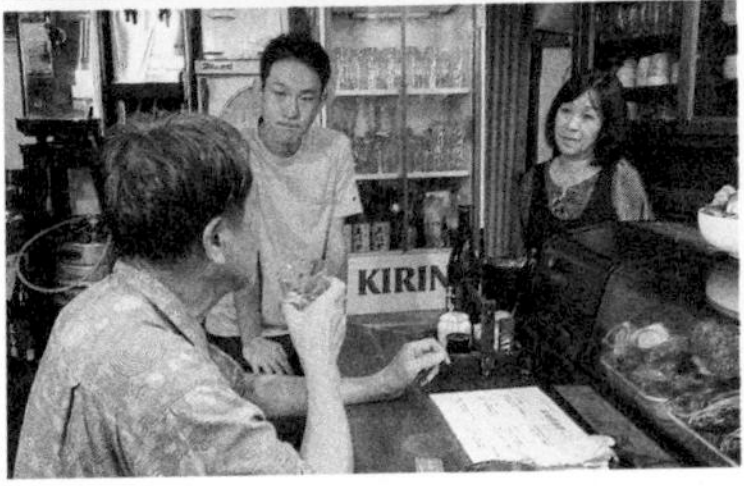

いい男だったご主人が残したみごとな店に、ハンサム息子と美人嫁、さらに可愛い孫・幸之介君。五島は家族愛の島。

砂浜に誰が作ったか、天主堂と鯨の、みごとな砂
彫刻が残っていた。

年を経た風格がすばらしい。手掛けていた五島灘酒造の完成直前の11年前に亡くなられると、好漢息子はそこの酒造りを自分の仕事と定め、さつまいも作りから始めた。

　父の設計した酒蔵で息子が造った最初の酒に、女将は心を込めてラベル文字「五島灘」の筆をとり、その酒を味わうことのなかったご主人を思って涙したという。愛するご主人はまた居合の達人でもあった。

　しかし、今は可愛い孫がいる。「五島の人はとても温かくて」と語る佐世保から来た美人嫁は私に孫を抱かせてくれた。

　五島の人はみな温かく、家族愛にあふれていた。それは信仰に支えられた人の安定した心の表れかもしれない。〆にいただいた五島うどんがその温かさを伝えてくれた。


（２０１８年10月7日放送）

店舗情報

麺工房こんどう
南松浦郡新上五島町浦桑郷浦浜１３７１－１
☎０１２０－４７８－５１０

寄り処　満
南松浦郡新上五島町有川郷２６１８－２
☎０９５９－４２－０３１９

潦り茶屋　し㐂
南松浦郡新上五島町有川郷７００－１
☎０９５９－４２－０９３３

五島灘酒造
南松浦郡新上五島町有川郷１３９４－１
☎０９５９－４２－０００２

神楽坂

粋な町の粋な店

戦前からの古い花街・神楽坂はその名のとおり飯田橋からの上り坂で、梢《こずえ》高い並木越しの鰻やお汁粉、肉まんなどの老舗、小間物店、ミニ盆栽店、外に皿小鉢を並べた瀬戸物屋などが楽しい。坂下の「**のレン神楽坂店**」は急増した訪日外国人客に向けた手拭い、巾着袋、姫鏡台、羽織袴・振袖を模したボトルカバーなどが並び、日本女性にも人気だ。

中央の神楽坂通りから左右に分け入るいくつもの横丁は、石畳の細路地、折れ曲がる石段となって迷路化。黒塀高い料亭はあこがれをそそり、昼は見番横丁に三味線お稽古の音色、夕方となれば盛装の芸者さんとすれちがうこともしばしばある、たいへんよいところ。

神妙に手を合わす「浄行菩薩」。今日一日、飲み過ぎませんように。

坂上の朱色鮮やかな「**毘沙門天　善國寺**」で手を合わせよう。境内一角の湧き水に立つ「浄行菩薩」は〈水が垢や穢《けが》れを除いて一切を洗い清めるが如く我々の煩悩の汚泥を除いて心身の病を除き寿命を延ばし……〉とあり、備え付けの布を絞って自身

「のレン神楽坂店」お祝い用の着物ボトルウエアは訪日客に人気とか。日本風のセンスでまとめた品々は我々にもおもしろい。

「相馬屋源四郎商店」で昔の文豪の原稿に興味津々。この原稿用紙ならオレにもうまく書けるか。

の体の気になるところと同じ箇所を磨けば平癒する、とありがたい。さてどこにするか。文豪もこの地を愛し、漱石、鷗外、鏡花、白秋らは居を構えた。兵庫横丁の旅館「和可菜」は、作家や脚本家が泊まり込む執筆旅館として有名だっだ（現在は閉業）。

江戸からの老舗紙店「**相馬屋源四郎商店**」は、明治に扱い始めた洋紙の断裁間違いを〈ご自由にお持ちを〉と店頭に置くと、尾崎紅葉がこれで原稿用紙を作ったらどうだと提案し、日本最初の原稿用紙が生まれた。それにしたためた紅葉の筆字原稿や、漱石の〈坊ちゃん印税受け取り一覧〉も残り、「相馬屋製」と入る原稿用紙は作家のあこがれとなった。

作家たちはまた酒を愛し、神楽坂には気のきいた小料理屋や居酒屋はいくらでもある。創業昭和12年の老舗「伊勢藤《いせとう》」の、石畳にたっぷりの長い縄暖簾《のれん》は昔とまったく変わらず、飲んだ勢いの大声を注意されるのも変わらない。私も注意された。その角を曲がった「世喜」は、出るときに古風な「切り火」を打ってくれる。

まことに神楽坂は「東京の京都」だが、ここ10年はヨーロッパの人がたいへん増えて住むようになった。近くの「アテネ・フランセ」はその拠点のひとつで、本場ヨーロッパと変わらないビストロやカフェも急増した。

名店ぞろい

一方、新しい居酒屋もぞくぞくできている。「**石臼挽き手打**

芸者小道の石段。「世喜」の玄関には盛り塩が3つ。

蕎楽亭《きょうらくてい》」はカウンターと机席とが清潔で広く、大勢の白調理着板前、黒前掛けのお運び女性がてきぱきと気持ちがよい。居酒屋としてもたいへん充実し「蕎麦前」どころかそっちをメインにできる。酒は、それぞれ解説つきで全国もれなくそろい、肴も正才ふぐの刺身、昆布森の生牡蠣、小柱の刺身、明石蛸ぶつ、松茸とハモの小鍋、穴子の胆の佃煮など本格料理屋と変わらない。蕎麦屋に腕を問われる天ぷらは特にすばらしく、一品から注文を受けて目の前で揚げる「チュンチュン」という音の良さ。〈才巻き海老〉はまず頭をさっと揚げ、次いで身を。殻を開けた〈はまぐり〉は大きいのをそのままに、小柱のかき揚げは合わせた緑が美しい。

若い主人は脱サラして神田の名蕎麦店「松翁」に入り、わずか3年の修業で暖簾分けを許されるまでになった。出身は会津。「店を始めるときは故郷なんかに目もくれず、全国の名食材で勝負と思っていましたが、そうしているうちに逆に会津の良さがわかるようになって」という言葉がいい。

全国を知った結果、蕎麦粉は会津産のみ、日本酒は福島の十数種を中心にと決め、会津名

石臼挽き手打
蕎楽亭

「蕎楽亭」の〈二色そば〉。料理はすべて魅力的だが、最後に蕎麦が控えている嬉しさよ。

軽く、香りよく、素材が生きている天ぷらは絶品。主人の誠実そのものの人柄もすばらしい。

物〈こづゆ〉〈馬刺し〉も入れた。

本格蕎麦と言っても〈カレーそば〉〈トマトそば〉などもあるのがうれしく、〈めおともり〉は蕎麦とうどんの合い盛り、〈むぎめおと〉は冷や麦と蕎麦というのがほほえましい。黒い殻挽きぐるみと白いせいろの、共に十割蕎麦の合い盛り〈二色そば〉は絶品だった。まさに名店、ここに通える人がうらやましい。

毘沙門天のすぐ前。向こうから人が来ればすれちがえないほどの細路地半ばの居酒屋「**酒ト寿**《ことぶき》」は、古民家の玄関脇二間の外壁を取り払ってガラス戸にし、中が丸見えの開放感がいい。1階はコの字カウンター、履物を脱いで急階段を上がった2階は下宿のような畳部屋で、ここでの大勢飲みは楽しそうだ。

カウンターの中は板場、煮物揚物、配膳台など。一角に安置するのは、今はかなり珍しい「流動式燗付器」だ。上から酒を入れ、お湯タンクの中のらせん管をくぐらせると丁度よいお燗になって出る。日本酒は動かすことで味がよくなる。

名文句「酒は純米、燗ならなおよし」を頭書した日本酒のそろいは完璧だ。産地明記の新

酒ト壽

文豪気取りで着物でやってきた居酒屋「酒ト壽」。気取らないコの字カウンターは居心地満点。常連になるのならこういう店。

丁寧に工夫し、仕事された肴はみなすばらしく、全メニュー制覇が目標。まさに路地のパラダイス。神楽坂に越したい。

最後に客前で、皿盛り塩アルコールの青い炎で
温める〈貝の浜盛焼〉は一番人気。

鮮な刺身のほか、人気は4種の貝を「いしる」で煮たのを、帆立の浅い貝殻に入れ客前で貝焼ふうに炎で温める〈貝の浜盛焼〉、毛ガニの身を野菜と和えて甲羅に詰め、赤い脚肉をのせた〈毛ガニのコールスロー〉、〈甘えび塩辛〉〈その日の煮魚〉などなどなど。

気っ風のよい若い男女が、これが自分の選んだ仕事とばかりにきびきび働くのがまことに気持ちがいい。若い大将は「壽とは幸せのこと。酒で幸せになってほしくて店名にした。あこがれの神楽坂に店を持てたが、激戦区でもあり『残るべきは残る、消えるべきは消えてゆく』場所」と語る。ここに足をつけると決めたまっすぐな顔が頼もしい。

昔も今も、神楽坂は東京でいちばんよいところだ。

（2019年1月6日放送）

店舗情報

のレン神楽坂店
新宿区神楽坂1—12
☎03—5579—2975

毘沙門天　善國寺
新宿区神楽坂5—36
☎03—3269—0641

相馬屋源四郎商店
新宿区神楽坂5—5
☎03—3260—2345

石臼挽き手打　蕎楽亭
新宿区神楽坂3—6
神楽坂館1F
☎03—3269—3233

酒ト壽
新宿区神楽坂4—2
☎03—3267—3355

明石

海峡の魚を味わう

明石は古くより〝須磨から明石は松原づたい〟と言われ、浮世絵にも描かれた白砂青松の地だ。穏やかな気候は保養地に適し、関西の大物実業家らが別宅を構えた。

舞子の浜に立つと、「明石海峡大橋」が対岸の淡路島に一直線に伸びて美しい。全長３９１１メートルは世界最長の吊り橋だ。

小倉百人一首には明石を詠んだ歌が2首ある。〈淡路島かよふ千鳥の鳴く声にいく夜寝覚めぬ須磨の関守〉詠み人は源兼昌。もう一つは選者・藤原定家の〈来ぬ人をまつほの浦の夕凪に焼くや藻塩の身もこがれつつ〉来ぬ人を「待つ」と掛けた、まつほの浦は淡路島北の海

巨大さを感じさせないスマートな「明石海峡大橋」は、塗装を白にしたのが正解。

岸、今ここから見えている松帆の浦のことだ。

海峡に建つ主塔２本の海面上の高さは東京タワーとほぼ同じの約３００メートル。10年かけた難工事は、ごつごつ頑丈というよりは細身に仕上がってスマート。エレベーターを上がった見学道から間近に見る鉄骨の造形美は、建築マニア（私）にはたまらない。途中に遊びで設けた、透

透明ガラスの床に渡した板を、こわごわ渡る。

明石海峡をゆく大型船の悠々たる眺め。

明強化ガラスの床に細板を渡しただけの8メートルほどの通路は高所恐怖症（私）には怖く、はるか47メートル下の青い海を見ないで（ちょっとだけ見て）渡った。ひと息ついて高い橋から見る明石海峡は美しく、ゆっくり進む大型船や小さな漁船が、気持ちを大きくさせる。

手前が孫文記念館、奥が明石海峡大橋。

　海峡に沿う遊歩道に橋の近代美と対照的に建つ、尖塔をのせた八角形3階建ての古い洋館「孫文記念館（移情閣）」は紺青《こんじょう》の海に浅葱《あさぎ》色が美しく、三角破風《はふ》の玄関脇に今出てきたかのように孫文の像が建つ。中国近代化の革命家・孫文は日本に亡命していたとき、関西の実業人に支持され、用意されたこの移情閣に住み日本を第二の故郷とした。今も神戸では孫文敬慕が続き、記念館はシンポジウムや孫文記念館学術賞の授賞式などに使われる。

　整備された舞子の浜は犬の散歩や、のんびり釣り糸を垂れる人もいて、穏やかな空気に満ちていた。

日本一の立ち飲み

明石駅前に近い明石の台所、真っ赤な蛸の絵がある大看板「魚の棚商店街」のルビは「UONTANA」。地元読みは「うおんたな」だ。丸い透明天井のアーケードは大漁旗が天を覆い、両側には鮮魚店がいっぱいだ。

大阪湾、播磨灘、淡路島に囲まれた明石海峡は、速い潮流で魚は身が引き締まり、脂乗りがよい。地元で「まえもん」と呼ぶタイ、タコ、アナゴ、イカナゴは、一晩海水かけ流しの水槽で「活け越し」してストレスを消し、活け締め、血抜き、神経抜きして出荷。透明感ある身や味わいを保つという。鮮魚店に「明石昼網」と書かれて並ぶ魚は、どんなに小さくても生きて午前11時半のセリにかけられたものなので、それこそピンピンに飛び跳ねて壮観だ。真蛸水揚げ日本一の明石蛸は「朝ゆがき」の札が添えられる。

「**玉子焼　お好み焼　よし川**」の店頭でせっせと焼いている〈玉子

〈玉子焼〉はダシつゆで食べる。

大漁旗で覆われた「魚の棚商店街」は、通路まで並べた新鮮な魚介が売り。「たなか屋」（左下）の横脇を入ると、日本一の立ち飲み「立呑み処　穴蔵　田中」。

焼〈明石焼〉は、穴ぼこが並ぶ鉄のたこ焼き器に蒸し蛸を入れ、しゃばしゃばの生地をたっぷりかけまわして焼いた明石風で、熱々の丸いのをダシつゆに浸して食べる、ふわふわしたものだ。

　商店街なかほどの酒販店「たなか屋」脇の細い隙間を奥に入った、元倉庫のような**「立ち飲み処　穴蔵　田中」**こそ日本一の立ち飲みだ。そのわけは本業酒店が選んだ地元明石をはじめとする酒の品ぞろえ、昼網地魚の良さに甘えない調理と連日の日替わりメニューの独創性が生みだす名肴、酒店主人の奥様が陣頭指揮する美女群と屈強

中は「たなか屋」3代目、奥は「来楽」9代目、手前おいら。

な男たちによるてきぱきしたサービス、そしてここを知って通う客たちの、店を愛する心が生みだす居心地のよさ。

さて注文。明石地酒「来楽《らいらく》」特別純米たなか家紋ラベルのお燗に合わせてまかせた昼網2種は〈ヒイカ炙り〉と日本一の誉れ高い明石鯛の〈鯛の松皮造り〉。

タハー……

出るのはこのため息ばかり。さらに朝来《あさご》「竹泉」山廃純米生どんとこい米に合わせた〈紫・白ネギとハリイカぬた〉〈おこぜの刺身・胃袋・胆つき〉に完全降参。

並んで待っていた客で開店即完全満員。年配もふくめた女性客がとても多いのは、父の言葉「皆が美味しい酒と魚で疲れを休め、笑える処」づくりを「たなか屋」3代目が実行したことを証明している。つくづく近所に住む人がうらやましい。

魚の棚商店街に並行するほんまち商店街脇の「odaidoko Blue Cat」は外

立ち飲み処
穴蔵　田中

〈ヒイカ炙り〉と日本一明石鯛の〈鯛の松皮造り〉。中で陣頭指揮する美人は3代目の奥様。

甘い酢味噌の〈紫・白ネギとハリイカぬた〉。新鮮なればこその〈おこぜの刺身・胃袋・胆つき〉。「来楽・家紋ラベル」はたなか屋限定名酒。

世界中を旅行して集めたものが飾られた店はビストロ風にセンスよく、料理おいしく、ママさん美人。通いた〜い♡

odaidoko Blue Cat

美しい盛りつけ〈真鯛のカルパッチョ〉。看板メニュー〈キッシュ〉は冷酒にぴたり。

壁のタイル絵がナポリあたりの港の小酒場を思わせるしゃれた店。一人で立つのはとても美人の方。素敵なランプや飾りは、お勤めをしていたころ海外旅行が好きでよく出かけて買ってきたものという。

　料理も好きだったので一念発起、自分の好きなことを仕事にしようとここを開いた。日本酒はたいへん充実。お奨めの佐賀「鍋島純吟生」のお燗に合わせた、醤油・酢・玉葱すりおろし・オリーブオイルによる〈明石産天然真鯛のカルパッチョ〉は目が醒めるようにおいしく、さらに「白鴻」熟成純米千本槍二年熟成の冷やに〈本日のキッシュ（ＢＣ農園の菜の花とホタルイカ）〉が合うこと合うこと。娘時代の森光子によく似る美人お姉さん相手に「帰りたくな～い」と甘えるのでした。

（２０１９年3月31日放送）

店舗情報

玉子焼　お好み焼　よし川
明石市本町１－２－16
☎０７８－９１１－８３１１

立ち飲み処　穴蔵　田中
明石市本町１－１－13
☎０７８－９１２－２２１８

odaidoko
Blue Cat
明石市本町２－９－１
高野ビル１Ｆ
☎０７８－９１８－１６２３

人形町

江戸の名残を楽しむ町

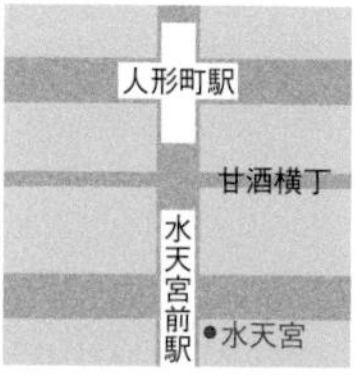

江戸期より安産・水難除けの「水天宮」の門前町として賑わった人形町は、中村座、市村座などの芝居小屋があり、人形浄瑠璃の人形遣いが多く住んで町名となった。通りの〈江戸の賑わい人形町〉とある塔は芝居絵に仕掛け時計がついて楽しい。

お芝居を見て、おいしいものを食べて、お土産を買って帰る庶民の娯楽の町は、日本橋界隈では唯一戦災を免れた古い町並もあって、今も楽しみを求めて来る人で賑わう。甘酒横丁を抜けた先は明治座。芝居小屋の伝統が続いている。大門通りには創業明治28年のすきやき「人形町今半」や、大正12年の「㐂寿司」など風格ある老舗も多く、甘酒横丁の居酒屋「笹

（左上から時計回りに）「㐂寿司」「水天宮」「人形町今半」「うぶけや」。人形町は風格ある建物ばかり。

新」は常連ファンが多い。
江戸からの老舗打刃物店「うぶけや」は、8代目主人がガラスケースごしに正座して迎える座売りが懐かしい。こんなに種類があるのかと思える数多い包丁や鋏は〈うぶ毛でも剃れる・切れる・抜ける〉ことから「うぶけや」の店名になったと言うとおり、まさに研ぎ澄まされて光る。恐るおそる手にした「特殊鋼裁

冴えわたる刃物の魅力にはまる。

くどくなく、すっきりと透明感のあるきれいなあんこは、まさに江戸っ子好み。

鋏　4万6656円」の、空気のように軽く布を切れる気持ちよさ！　これはもう「切る快感」だ。

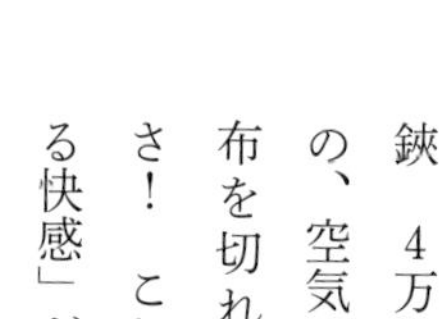

人形町といえば人形焼。「人形焼本舗　板倉屋」は明治40年創業。今も柄が長く重い鉄型ではさんで焼くのは七福神の笑顔が並ぶ6個。唯一入らない福禄寿は、頭が長いのでおさまりがわるくてはずし、7個目は食べたお客さんの笑顔だと言う。すっきりしたあんこは江戸前。気っ風よい男前の3代目、白調理着で黙々

と手焼きを続ける4代目息子に、手土産にする客が絶えない。

表通りのカフェ「人形町　三日月座」の明るい2階はコーヒーやランチで人気だが、異色なのは壁にずらりと貼られた映画ポスター。現役の映画脚本家・プロデューサーである柏原寛司さんと奥さんの店で、地下は作品試写や上映会を行う映画会社顔負けの立派な映写室だ。「あぶない刑事」「西部警察」「大都会ＰＡＲＴⅡ」などアクションものを得意とする柏原さんは西部劇ファンでモデルガンも棚に置くが、奥さんはロマンス派で、貼るポスターも違って楽しく、これも人形町らしいかもしれない。

粋な細小路

この町きっての粋な細小路「芸者新道」通称「小菊通り」は、かつて芸者歌手で人気があった花柳小菊が住んでいて名がついた。

映画好きの夢を実現したうらやましいご夫婦。

芸者新道の手押しポンプ井戸は健在、水が出ます。

入口は小さな神社祠《ほこら》で守られ、下には「人形町一丁目　芳人町会」の小屋根をかけた手押しポンプ井戸が現役だ。

梅花を彫り込んだ木看板が粋な割烹「よし梅」は昭和2年の創業。その向い「きく家」は、普請好きの主人が丹精こめた朱壁の美しい割烹居酒屋。今は高級だが創業昭和50年ごろはまだ気軽なカウンター居酒屋だった。当時銀座資生堂に勤めていた私は「居酒屋研究会」なるものを作り、この店に通って、ずいぶんいろんな日本酒を教えてもらった。後年社長秘書室から「外国客を日本酒で接待したいが、店を紹介せよ」と言われ、当店を案内したところたいへん喜ばれた。今も「商談が成立する店」と巷に言われている。

その隣りの「**いわ瀬**」は創業平成18年とこのあたりでは新しいが、築80年の古民家を、元大工の主人がみごとな居酒屋に造り替えた。飾り障子や古い調度の店内を優雅にする襖絵や額装の美人画は、伯母の日本画家・岩瀬歌肖の作品。長年かけて集めた酒器のコレクションは

一升瓶にはさまれた美人画がいい。

いわ瀬

2015年から4年連続で、良質でコスパのよい店の「ミシュランガイド　ビブグルマン」に掲載。

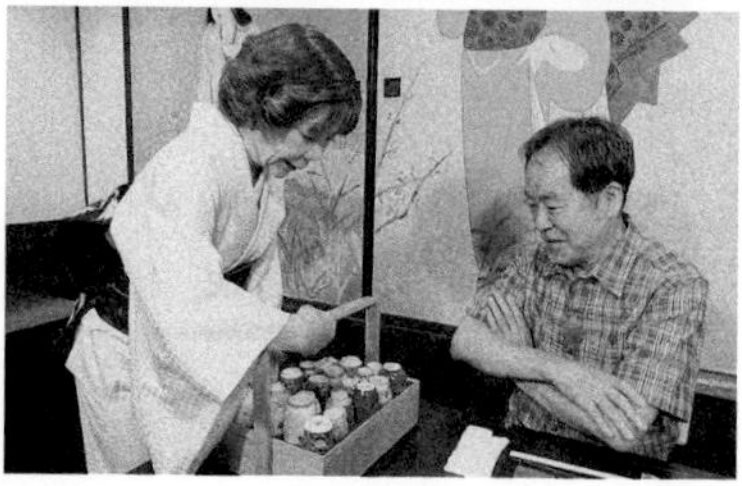

さくりとおいしい〈こだわり和風コロッケ〉。盃をはじめ、店内に飾られる長年集めたという明治・大正ころの骨董品はみごと。

目を引き、手桶で用意されて選べる盃群は、長年居酒屋に通ってきた私だがこれほどのものはない。さらに酒を注ぐ本錫の燗鍋（急須型の酒器）もまた。

そうして供される全国の銘酒、数々の料理は、名物〈鮎くんせい焼〉は欠かせず、里芋を使う〈こだわり和風コロッケ〉は一番人気だ。ここに通える人がうらやましい。

人形町で忘れてならないのは、明石の「立ち飲み処　穴蔵　田中」と東西を二分すると言える立ち飲み名店「**酒《しゅ》喰《く》洲《ず》**」だ。〈天然国産鮮魚料理専門〉とうたうとおり、ずらりと品書きされた時季の刺身類が「一切れから」注文できるのが嬉しく、今日の私は〈佐賀こはだ酢〆・鴨川真鯛・室蘭ますのすけ酢〆・愛知とり貝〉を一切れずつ。もう「口では言えない」ほどすばらしい魚を、１枚１５０円、１８０円で味わえるありがたいぜいたくだ。一番人気の格安〈あじセット〉は、立派なあじ一尾を、刺身、フライ、骨せんべい（ちゃんと衣をつけて揚げてある）でいただけ、面倒な仕事に頭が下がる。「骨まで食べるのは供養。お魚さんも喜んでる」と笑う大将がいい。

木造りカウンターだけの立ち飲みは女性もふくめて和気あいあいに酒と魚を楽しむ。「養

酒喰洲

あじ食いの私に、あじ一尾を刺身、フライ、骨せんべいでいただく一番人気〈あじセット〉は願ってもない一品。

大将は毎朝千葉・鴨川へ仕入れに通う。〈真鯛・とり貝・ますのすけ酢〆・こはだ酢〆〉一切れで充分、新鮮とはかくもすばらしいものか。

殖、輸入、冷凍は使わない。国産であることが大切。それは漁師を守ること。肌に触っただけで魚の息遣いを感じる」と言う大将は北海道出身。海上自衛隊の炊事部で料理を学び、フレンチレストラン、居酒屋、鮮魚のトラック行商などを経て日本橋の長屋で立ち飲み「酒喰洲」を始め、人形町に「ここが最後」と理想を実現した。

　大将のさっぱりしたサービス精神旺盛な人柄に通い詰めるファンが多く、毎年初夏恒例の、会場を借りた「新酒の会」は規模が大きくなるばかりだ。この人なんとCDも吹き込んでいて、当日ハッピ姿でマイクを握って披露した「♪海の幸にっぽん　体も心も頭もよくなるよ～」には盛大な拍手がわいていた。

（2019年7月29日放送）

店舗情報

いわ瀬
中央区日本橋人形町
1―5―10
☎03―3664―3322

酒喰洲
中央区日本橋人形町
2―15―10
☎03―3249―7386

広島

地元の居心地のよさ

広島市、太田川三角州の平和記念公園にある「平和記念資料館本館」は丹下健三の設計。垂直線を連続させた横にとても長い四角の建物を柱で持ち上げ、階下を空間にしたコルビュジエ的なピロティは、禁欲的で崇高な気持ちにさせる。その正面１００メートルほど先の「原爆死没者慰霊碑」の半アーチは、川の向こうの「原爆ドーム」をぴたりと真ん中におさめる。単純な四角の記念資料館、単純な曲線半アーチの慰霊碑、廃墟の原爆ドームを一直線に配置した全体配置は巧みに心を集中させる。その心は慰霊碑供花脇の言葉「過ちは繰り返しませぬ」だ。

原爆ドームを正面奥にした慰霊碑アーチに手を合わせる。

平和記念公園はここ5、6年、海外の観光客が何倍にも増えたそうでとてもよいことだ。慰霊碑の意味を知って皆静かに立ち止まり見ている。

左に進むと少女が大きな折り鶴を頭上にかかげた「原爆の子の像」が立つ。2歳で

すらりと伸ばした両手に載せた骨組みだけの鶴がいい。今も世界中から年間1000万羽、約10トンもの折り鶴が集まり、展示される。

建物好きとしては時代様式も探りたい。

被爆、10年後に白血病で亡くなった少女が鶴を折り続けたことから、折り鶴は平和のシンボルとなり、脇には世界中から集まった手折り鶴を展示する。

橋を渡った川岸の世界遺産・原爆ドームは全体を一周して見られ、海外からの観光客が絶えない。鉄骨だけを残したドーム、崩れ落ちたままのレンガ壁は未だに生々しい。その「旧広島県産業奨励館」は、1915（大正4）年の建物で、壁に残る装飾はアールデコ、全体は当時の建築潮流セセッションか。

その先は対照的にすっかり現代の街だ。さきごろ建った「**おりづるタワー**」の13階屋上「ひろしまの丘」は、やや傾斜した緑の人工芝に木の丸柱が立ち、周囲は一周して窓がなく、安全のためのネットはあ

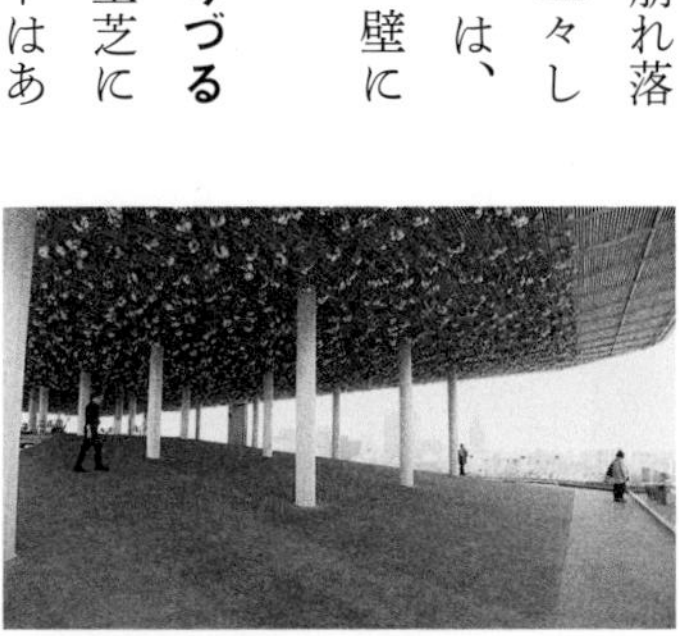

おりづるタワー屋上は人工芝と天井がある。

51　広島

原爆ドームは1996年、負の世界遺産として登録された。おりづるタワーより。

るものの自然の風がここちよく、小さな子が走り回る。眼下の原爆ドームから遠く広島湾までの展望はすばらしく、ここまで復興した街とこれからの子供の未来を思わずにはいられない。

１００円で折らせてくれる鶴は久しぶりだがうまく折れた。それをビル外壁の上から下まで通した高さ50メートル総ガラスの「おりづるの壁」に12階から落とすと、ひらひらと舞って下に積もる。すでに5階ぶんまで埋まったそうで、折り鶴にこめた祈りの集積が目で見えた。

おりづるの壁は５階まで埋まった。

単身赴任族ご用達

広島は名だたる酒どころ。市電の走る中心街・相生通り近くの「**酒商山田　八丁堀店**」はモダンな店内に地酒はじめ全国の銘酒をそろえ、一角の「**山カフェ**」はお奨めの酒をグラス一杯５００円で飲める。さらに今日の〈つまみ盛り三種〉は〈牡蠣豆富・穴子の湯洗い・観音葱と地蛸のぬた〉で５００円はお徳用、最近は女性の立ち寄りがたいへん多いそうだ。

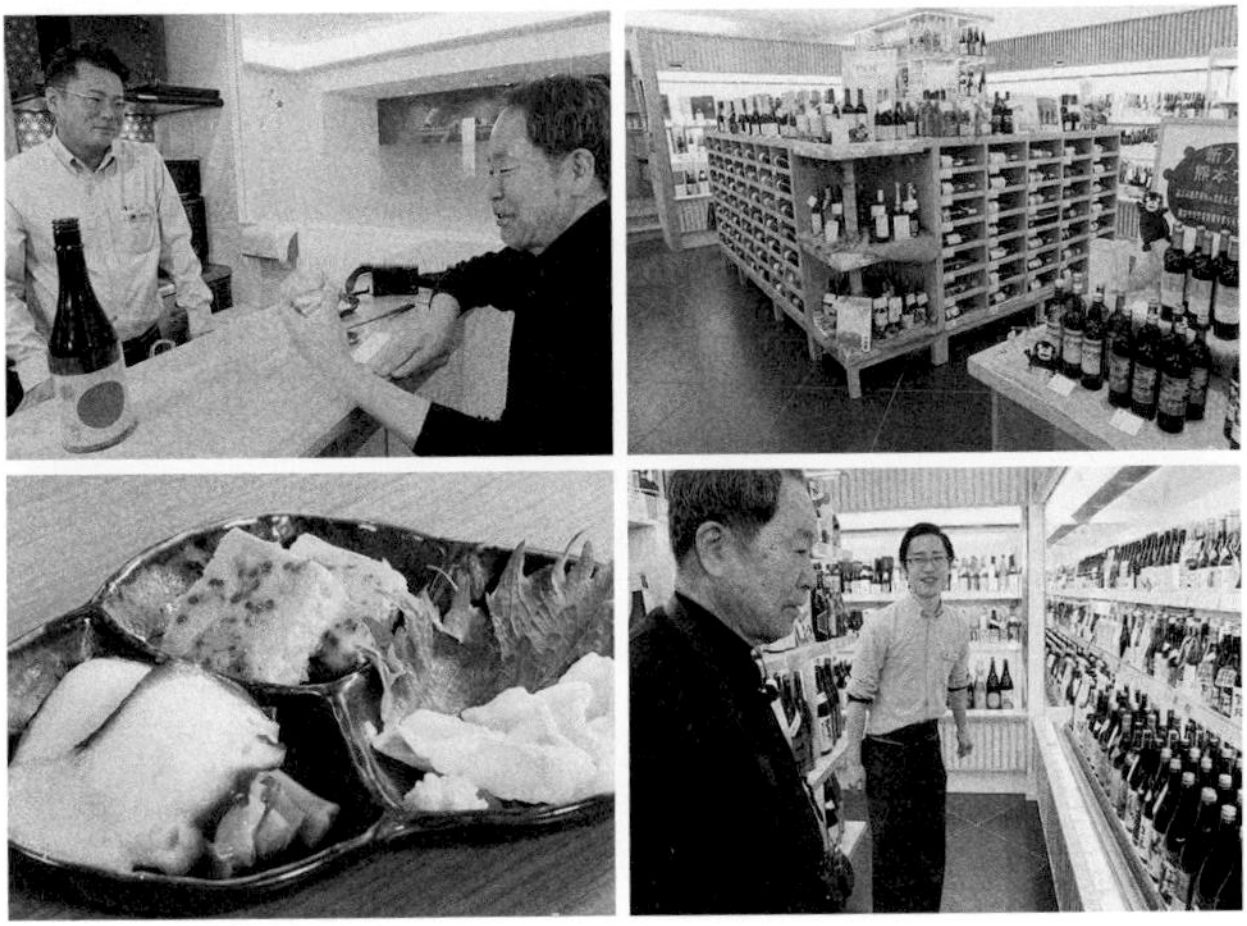

モダンな「酒商山田　八丁堀店」は日本中の銘酒が並ぶ。奥の明るい「山カフェ」カウンターで試飲。

さて本番は夜。地元の居酒屋ツウに教わった、繁華街をややはずれた居酒屋「**こでまり**」は、地酒「千福」の薦樽《こもだる》を飾った入口前が広い。店に立つ、丸刈りにそろいのハッピの2人は一目で親子とわかる。

瀬戸内の新鮮な刺身をはじめ、１００種以上もならぶ品書きは、あなご胆ポンズ、ひらめ胆ポンズ、鯛皮ポンズ、あたりに実力が見え、広島名産という〈よなき貝刺〉はトマトのような真っ赤な身がこりこりして香りがいい。

ここで誰もが注文するという、父が始めた〈煮あなご蒲焼〉は出汁でじっくり煮た

こでまり

「こでまり」自慢の〈煮あなご蒲焼〉は必食。添えるのはもちろんきゅうり。

広島名産の巻貝〈よなき貝刺〉は鮮烈な赤い肉がコリッとおいしい。加美昌幸さん・和幸さんは、顔も、声も、気質も、どこから見ても親子。

穴子を、客に出すときに炙り、煮詰めたたれを塗った逸品で、うまいのなんの。

先ほどのよなき貝刺で残したつま〈大葉・茗荷・玉葱・ミニトマト・はじかみ〉を刻んでさっとサラダ仕立てで出してくれるのはとても嬉しく「おかげでサラダの注文が減りました」と息子は頭をかくが、ぜひ続けてくだされ。〈自家製くん製盛り合わせ〉〈魚の骨せんべい〉など、常連客は皆うまいものを知っている、家族的ななごやかさがいい。


もう一軒。流川通り繁華街の飲食ビル1階奥の「**小料理バー　こまき**」は、広島の単身赴任族ご用達と聞いた。

〈2019・4・17（水）晴れ　今日も一日おつかれさまでした。とても暖かく春が来たなあと気持ちも軽くなりますね♪　もうすぐゴールデンウィークですね。どこかお出かけされますか?〉とある、毎日書くという品書きの前書きは男ごころをくすぐり、カウンターに並ぶ大皿、根菜きんぴら、鶏きも煮、サワラの南蛮漬け、鶏肉と白ネギの塩昆布炒め、極太アスパラ肉巻、牛ハラミとはなっこりータレ焼などに、湯気を上げた若竹煮が追加され、心はわ

「こまき」は単身赴任族に最高の店。白割烹着での調理姿を見ているだけでなごむ。

小料理バー こまき

男泣かせの〈根菜きんぴら〉、右は間違いない味〈鶏肉と白ネギの塩昆布炒め〉。大皿料理は目移りして困ります。酒も広島銘酒勢ぞろい。

しづかみだ。単身赴任男には家庭料理の「煮物」に尽きる！さらに一人で調理する福々しい女将は着物に白割烹着、手が空くとお酌もしてくださるとくれば完全にノックダウンだ。

3人の子育て中という女将は、子供のころから台所を手伝い、「私の炊いたご飯がいちばんおいしいと母が褒めてくれたのが嬉しくて、料理好きになった」そうだ。まさにすべてが男泣かせ、単身赴任族ご用達もむべなるかな。日々作る料理は健康を考えて野菜を多めにし、毎日通っても変わったものがあるようにしている。お通しで出た〈フキ・厚揚げ・鶏肉の含め煮〉のおいしさを忘れない。

息の合った父と息子の肴、福々しい白割烹着女将の家庭料理。広島のホームベースは完璧になった。

（2019年6月10日放送）

店舗情報

おりづるタワー
広島市中区大手町1−2−1
☎082−569−6803

酒商山田　八丁堀店
広島市中区堀川町5−1
☎082−258−2100

山カフェ
広島市中区堀川町5−1
☎082−258−2100

こでまり
広島市中区河原町7−28
☎082−233−9361

小料理バー　こまき
広島市中区堀川町1−29
パリスビル1F
☎082−249−3730

谷中

これぞ東京の暮らし

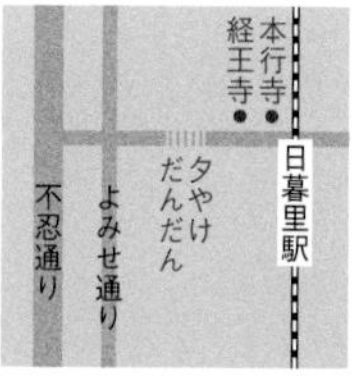

　山手線・日暮里駅の大跨線橋は、いくつもの電車が常に下を通過するスポットとして鉄道マニアには有名だ。北口から下御隠殿橋を渡り、坂を少し上った右手「本行寺」は月見寺と呼ばれ、小林一茶は〈青い田の　露をさかなや　ひとり酒〉と詠んだ。並ぶ「**経王寺**《きょうおう》」は慶應4年の上野戦争で彰義隊をかくまい、山門には銃弾の跡が残る。静かな境内から古い墓石越しに見るタワーマンションは東京の新しい眺めだ。

　向いの一軒家は佃煮好きの私が東京一に推す「**中野屋**」だ。大正12年創業の3代目。白タイル腰壁の大きなガラス棚3段に並べた大皿に、いろんな佃煮が盛られる昔ながらの量り

しんとした経王寺境内、屋根の上は青空が広がる。

売り。甘くない醤油本位の辛口は酒の肴にぴったりで、あさり、小海老は定番、時季のもろこやはぜ、近所に住んでいた古今亭志ん生が好んだ甘い富貴豆《ふきまめ》もぜひ。
　谷中は関東大震災、戦時空襲にも残った大小70もの寺の江戸情緒が欧米人に人気

佃煮「中野屋」は必ず寄ります。店を絵に描いた手提げ紙袋がまたいい。

（左上から時計回りに）旧吉田屋酒店、カヤバ珈琲、銭湯だったギャラリー、谷中ビアホール。谷中は古民家の宝庫。

で、住み着く人も多い。塗り土塀や黒瓦を層重ねした「築地《ついじ》塀」の長い塀越しに、本堂大屋根や鐘楼を見て歩くのは風情がわき、通りの「谷中散策案内」に示される明治43年築の「旧吉田屋酒店」は典型的な関東の出桁《だしげた》造り。角の瓦屋根民家「カヤバ珈琲」は近くの東京藝大生ご用達。宮造り二重千鳥破風の古い銭湯は「SCAI THE BATHHOUSE（スカイザバスハウス）」というギャラリーになった。

　路地行き止まりの手押しポンプ井戸を囲む古民家3軒をリノベーションした「上野桜木あたり」は、塩とオリーブの「おしおりーぶ」、手作りベーカリー「VANER（ヴァイネル）」、そして「**谷中ビアホール**」だ。住まいを居抜きにカウンターを据え、机席、テラスもある。築80年の柱傷などの生活感をそのまま残し、畳の下に敷かれていた昭和40年ごろの新聞を壁に整然と貼って透明板をかぶせたのは大成功で、当時の映画広告が懐かしい。狭い階段を上がった2階は床の間のある畳座敷で、丸い卓袱《ちゃぶ》台《だい》いくつかを座布団が囲み、ここで一杯やればまさに昭和初期そのまま。古箪笥《ふるだんす》の引き出しを引くと、仕掛けたハーモニカの音がするのはなんとも楽しく、往時の人のしゃれっ気がいい。

谷中ビアホール２階、ここであぐらをかいて一杯やりたい。

1階の白木カウンターには若女将がすてきな着物姿で立ち、たすき掛けの袖で8つのビールコックをあやつる。クラフトビール8種はすべてアウグスビール清洲橋醸造場の特製で〈谷中ビール・アンバーラガー〉は谷中に沈む夕陽を意識して色が赤い。昼のビールのお供はご当地〈谷中生姜のもろ

谷中ビアホール

二間続けてどんとカウンターを置き、ビールコックが待っている。

モダンな着物がすてきな女将はビール注ぎ名人。ときどき階上から下りてくる小学生の男の子がかわいい。

み味噌添え〉、大きな蓋付き土鍋に温まる特大フランクフルトもうまそうだ。

注目は、ビールタンクにつなげた、切った果物がたっぷり入る透明な特製フレーバーチューナーをくぐらせる〈フルーツビール〉だ。本日は高知の夏みかん「小夏」で、さわやかな柑橘の香りは女性に好まれそう。スイカやメロン、さらにハーブもよいそうで、いつか試してみたい。

夕やけだんだん

そろそろ夕方。寺の集まる高台から西の商店街へ下りる大きな石段は、都内で最も美しい夕焼けが眺められることから「夕やけだんだん」の名がついた。缶ビールと焼鳥で石段に座って、ゆっくり沈む夕陽にシルエットの富士を見る人やアマチュアカメラマンがいる。

下った商店街「ひぐらしの里　谷中銀座」は、八百屋、肉屋、総菜屋、日用雑貨などいろんな店が軒を接して並ぶ。明治37年創業の酒屋「**越後屋酒店**」は、ビールケースを椅子と机に、木樽で冷やした一升瓶から一杯飲めるのが人気だ。ここに座って酒を手に通りを眺める欧米人は多く、日本の庶民の日常生活は興味深いにちがいない。

さてこちらは本番。中野屋の先を朝倉彫塑《ちょうそ》館の方へ入った左手の「初音小路」は、今や都内でほとんど見なくなった典型的な飲み屋小路で、古い木組みの屋根の下、幅2メートルほどの両側に並ぶ、せんべい屋、スタンド居酒屋、焼鳥、沖縄酒場などはうっとりさせる。そのいちばん奥左の居酒屋、瓢箪形の提灯が目印「**谷中の雀**」に季節の花が置かれた眺めが美しい。気っ風のよい主人は、年配女将の一杯飲み屋だった後を使うことになり、その看板「小料理加代」を「だからといって急に取りはずすのも」と2階外に残しているのも江戸っ子の人情だ。古い民家の台所口から履物を脱ぎ、急階段で2階へ上がる。通りから入る1階は玄関を開けるといきなり掘りごたつの小部屋で、池波正太郎を意識したという壁紙や低い天井がいい。

主人は高輪プリンスホテルの料理長を務め海外店もいくつかこなしたベテランだが、この家でやるのならと「江戸料理・鬼平好み軍鶏鍋」で始めた。そのコース仕立ての季節料理は、

初音小路は東京三大横丁の一つ。

魅惑の「初音小路」、いちばん奥の左が「谷中の雀」。

谷中の雀

看板〈軍鶏鍋〉のほかに季節の鍋も。今日は豪華松茸これでもか。

気っ風のよい主人とは阿吽の仲。盃選びがまた楽しい。1階小部屋は要予約です。

江戸っ子の早いもの好きと粋に応えたすばらしいもので、本日の、長良川最後の子持ち鮎、鱧と早松茸の土瓶蒸し、秋鯖押し寿司、ばちこ（なまこの卵巣干し）をまぶした里芋、戻り鰹刺身酒盗のせ、など陶然とさせられ、最後の鍋に進む。
店は〝古女房〟と2人でまかなう。1階小部屋にある〝所帯を持ったとき〟の古箪笥には盃コレクションが詰まり、「どれでも使ってくださいよ」と言う主人の塩辛声がいい。ここで飲む酒こそ至福の一杯だ。
江戸の名残を残す谷中は、寺と墓地があることが町並保存になり、初詣、五月の鯉のぼり、夏の七夕、秋の彼岸墓参、師走の納めなど、東京生活の神髄を楽しめる。

（2019年9月30日放送）

店舗情報

経王寺
荒川区西日暮里3—2—6
☎03—3821—5241

中野屋
荒川区西日暮里3—2—5
☎03—3821—4055

谷中ビアホール
台東区上野桜木2—15—6
上野桜木あたり1号棟
☎03—5834—2381

越後谷酒店
台東区谷中3—13—2
☎03—3821—0983

谷中の雀
台東区谷中7—18—13
初音小路
☎090—9677—9992

札幌

大地のビールと開拓の味

初夏の札幌大通公園は、光を浴びて噴き上がる噴水まわりに子連れのお母さんや、昼休みのＯＬらが座り、長い冬がようやく終わって戸外に出られるよろこびが感じられる。

そこから近い明治21年築の「**北海道庁旧本庁舎**」は、赤レンガ積みに青屋根、青ドームの対比も美しい堂々たる威容。そのネオバロック様式はどことなく、開拓初期を経て大きな建物を造れるようになったころのアメリカの匂いがあるのがおもしろい。正面ファサードや屋根のドーマー窓に誇らしげに入る「赤星」五稜星は北海道開拓のシンボルだ。

日本でビールがいちばんうまいのは北海道。明治９年、「開拓使麦酒醸造所」として札幌

堂々たる「北海道庁旧本庁舎」は国指定重要文化財。

で日本人の手による最初のビール生産が始まった。札幌駅北東の「**サッポロビール園**」にある旧醸造所「サッポロビール博物館」は、フランス積み赤レンガの堂々たる建物。広大な土地を得て思いどおりのものを造れる雄大な意気を感じ、ここにも正面上の一番目立つところに真っ赤な五稜星がある。

　館内は醸造の歴史的資料などが展示さ

赤レンガに真っ赤な星は開拓期アメリカのよう。

サッポロビール博物館で、歴史を学び、試飲して、レストランで大いに飲んで、お土産はグラス。

れ、最初の量産ビールは一本５０００円ほどもして、酒屋ではなく薬局扱いだったそうだ。いろんな時代のビールポスターがおもしろく、美女にまじって、競馬騎手が馬の前でビールジョッキを傾ける〈ジョッキーがジョッキで馬いビールを呑みホース〉なる駄洒落ものも。創業当初の味を再現した「復刻ビール」は試飲でき、武骨と思いきや、まろやかに柔らかい味だ。

さて本番。隣りのビアホール「ケッセルホール」は、はるか高い三角天井いっぱいに銅の巨大仕込み窯が据えられ、大きな木机が囲むビールの館。大昔はじめてここに来たときは大ジョッキ5杯を飲み干し、外の芝生で寝ころんで休んだ。

特製の限定生ビール「サッポロファイブスター」はキレ味よいピルスナータイプ。できたて生ビールほどうまいものがあろうか。合わせるのは特製〈生ラムジンギスカン焼き野菜セット〉。真ん中が盛り上がった鉄製のジンギスカン鍋で、まずもやしやキャベツ、玉葱などを焼き、まわりに落としてから真ん中にラム肉をのせて焼くと、その脂が野菜にしみこんでおいしくなるのがジンギスカンだ。男ながら白い紙エプロンを首にぺろり。北海道は健康的な食欲が増す。

　腹ごなしのお土産買いは札幌市中央卸売り市場隣りの、「**海鮮市場　北のグルメ**」と大書した場外市場がいい。大

広い道路脇の札幌場外市場。

生ラムジンギスカンは必食です。

きな水槽に真っ赤なボタン海老が重なって泳ぎ、季節はずれに遡上したトキシラズ鮭は丸々太っている。ミョウバンを使わない「塩水生うに」のパックは安くはないが味は極上だ。

古き北海道をもとめて

さて夜の部。札幌の夜の中心、ニッカウヰスキーの王様のネオンが輝くススキノの大交差点は、店も人も東京とあまり変わらず旅のおもしろさはない。それでも北海道らしい居酒屋に入るならば炉端焼きだろう。

明治6年、北海道に最初にできた商店街「狸小路」を横に入った「**炉端焼き　めんめ**」は幅1メートル余りもある大L字カウンターに、ホッケやニシンの開き、野菜などが山盛りだ。白調理着、白鉢巻きの大将は「さあ何でも言ってくれ」の気構え。市場で見た〈活きボタン海老〉は、丸々と超特大で、殻の剥き方を教わってかぶりついた頭の青い味噌の甘くフレッシュなことよ。北海道は魚もアスパラも椎茸も

炉端焼きは野菜がうまい。

炉端焼き めんめ

海老の王様〈ボタン海老〉は全長20センチの大型、礼文島産。ぜいたくな楽しみ。

北海道らしさを味わうには、数人で豪快な炉端焼きに入るのがいちばん。

帆立貝も、ともかくでっかいのが特徴。〈ししゃも（オス）〉は2尾、〈焼きアスパラ〉はたった一本を焼いただけだがたっぷり満足させる。青細い〈行者ニンニク〉は炭火焼きの香りよく、〈山わさび＝ホースラディッシュ〉のおろし和えも、ヒリリと自然の辛みがいい。北海道は素材がよいのであまり凝った料理はしない。

店名の〈めんめ（金目鯛）焼き〉は8000円と高価で簡単には頼めないが、ホッケ、身欠きにしんなどは一尾を2〜3人でじゅうぶん楽しめる。北海道も最近よい日本酒ができるようになり、日本最北の酒蔵、増毛町の「国稀《くにまれ》」はさっぱりしたおおらかさがいい。

もう一軒、東京と変わらない町に背を向けて、かつての札幌の居酒屋の風情を味わうのなら、奥には北海道おなじみのチェーン店「松尾ジンギスカン」がある脇路地「新京極通り」だ。一軒家「**ふらの**」は北海道限定ビール「サッポロクラシック取扱店」とある格子窓に暖簾がいかにも郷土居酒屋の風情で、冬に来たときは入口両側は掻いた雪の山だった。

狭いカウンターは、小さいことがかえって温もりを感じさせる。なんでもないお通し〈ゆでアスパラ〉はやっぱりおいしく、北海道野菜はまさに大地の味だ。生ウニと味噌少しを和

75　札幌

札幌の裏路地「新京極通り」、飲み屋通りはこうでなくちゃ。

ふらの

地味な料理に、北海道らしさを存分に味わえるのが「ふらの」の良さ。

実直な主人、顔立ち整う美人奥様、ローカル色がどんどん消えている札幌で、ここはまことに貴重な店。

えた〈うにみそ〉は酒の友。北海道名物〈かすべ煮〉も欠かせない。

奨められた酒「吟子物語」は、よくあるイージーネーミング「～物語」とは大違いだった。日本最初の近代女性医師・荻野吟子（1851～1913）は明治27年北海道に渡り、のちに瀬棚町で開業。開拓地域医療に尽くした偉人だ。残された洋装の写真は意志的で、ここにも開拓者魂ありと感じる。その名を残そうと瀬棚町の有機米で仕込んだ酒は、安易な心を叱咤するようだ。

美人奥様と立つもの静かな主人は富良野出身。富良野の冬は零下30度、札幌はせいぜい零下10度と比較にならないそうだ。ぜひこれをといただいた〈いかのわた鍋〉は、古き良き北海道をじゅうぶんに感じさせた。（2017年6月6日放送）

店舗情報

北海道庁旧本庁舎
札幌市中央区北3条西6丁目
※リニューアルのため
2022年度まで休館。

サッポロビール園
札幌市東区北7条東
9丁目2—10
☎0120—150—550

海鮮市場　北のグルメ
札幌市中央区北11条西
22丁目4—1
☎011—621—3545

炉端焼き　めんめ
札幌市中央区南3条西6丁目
狸小路
☎011—241—6810

ふらの
札幌市中央区南5条西4丁目
☎011—521—6611

横浜

ミナト・ヨコハマ飲み歩き

横浜に魅力的なところ数々あれど、いちばん好きなのは山下公園だ。

遠く水平線の広がる海に沿う、公園整備された長く幅広い遊歩道を、潮風に吹かれて散歩すると気持ちが晴れ晴れする。海に囲まれた日本に港は多いが、巨大クレーンが立ったり一般人の入れない漁港だったりで案外に身近ではない。ここは目の前は客船氷川丸、背はホテルニューグランド、寄せる波を見下ろす装飾された鉄柵がすてきな、まさにミナト・ヨコハマ。愛犬を何匹も連れて散歩する女性、群れ飛ぶカモメにパンを投げ空中でキャッチさせるのを繰り返すおじさん、それをベンチで見ている銀髪のご婦人。いかにも平和な光景だ。

ハマの港はこのポーズで決まり。サンダルだけど。

並行する洋風庭園の、童謡「赤い靴」にちなんだ小さな「赤い靴はいてた女の子像」は横浜市民が建てたというのがよく、みなさん少女の頭をわが子のように撫でてゆく。甕《かめ》を肩に噴水を浴びる「水の守護神像」は対岸のアメリカ・サンディエゴ市からの寄贈。モアイ風の大きな顔の石像「ザンギリ」の解説は〈散切り頭を叩いてみれば文明開化の音がする〉。像は左

船は見ているだけで夢がわく。

（左上から時計回りに）水の守護神像、赤い靴はいてた女の子像、ザンギリ像、花壇とポートタワー。

右分け長髪に「ＺＡＮ」と「ＧＩＲＩ」の文字を目に見立て、鼻下の髭は「ＹＯＫＯＨＡＭＡ」。寄贈・神奈川県理容環境衛生同業組合・全国理容環境……。まったく横《ハ》浜《マ》っ子はやることがしゃれている。横浜は西洋理髪発祥の地だ。関東大震災のがれきを埋め立てて復興を願った山下公園は、市民の何よりの安息の場となったのだ。

　横浜はおしゃれな元町、洋館がすてきな山手、昭和な野毛など町並に個性がある。広い舗道に並木がきれいな伊勢佐木町は気楽な商店街で、グランドピアノを横倒しにした形の「伊勢佐木町ブルース歌碑」のボタンを押すと「はぁ、はぁ……　♪伊勢佐木あたりに　灯《あかり》がともる〜」と青江三奈のセクシーなため息の歌を聴けます。

山手も行ってみよう。西洋文明の窓口となった横浜のこのあたりは外国人居留地で、洋館や外人墓地が続いてまるで外国のようだ。横浜に〝日本最初の〟は数々あるが、「キリン園公園」は明治2年、アメリカ人のW・コープランドが日本最初のビール醸造所を作った場所で、高さ6メートル余の「麒麟麦酒開源記念碑」が立ち、当時の写真解説もある。

となればビールだ。丘をおりた「馬車道通り」は明治時代に外国人の馬車が往来、タイルに右書きで〈牛馬飲水〉と記された馬用の腰高水飲み場が残る。ここの「**勝烈庵**」で昼食にしよう。

「勝烈定食一つ、それとビール」「かしこまりました」

「勝烈庵」で昼ビール、目の前で揚げてます。

ングングング……ああうまい。

明治の横浜に入ってきた洋食「コートレット」を「カツレツ」と日本語にして「勝烈」の字を当てた。「この当て字がいい」「力がつくんでしょうね」とコックは笑うが、豚肉を丁寧に筋切りして叩き、形を整えて串を2本刺し、早めに揚げて余熱でゆっくり中まで柔らかにする。8つに切られてさっくりと食べやすく、野菜と果物をたっぷり使った自家製ソースは2日間寝かせ、すべてご飯に合う。これはもはや和食。ああうまかった。

ハマっ子の特徴

さてナイトタイムとなりにけり。ディープゾーン黄金町に近い大岡川・長者橋横、昭和23年開店の「**栄屋酒場**」は、まったくさりげない構え、15人ほどで満席の古びた小居酒屋ながら、伝説の「武蔵屋」なき後、真の居酒屋好きの間で聖地化しつつある「横浜の至宝」だ。

「勝烈」は単なるトンカツとはちがいます。

83　横浜

横浜の誇る昭和23年創業の「栄屋酒場」は、今年令和2年2月、惜しまれて閉店。ご主人ありがとうございました。

栄屋酒場

このがちゃついた奥で飲むのが大好き。気さくで明るいご主人もまた。

東京湾の〈穴子天〉は必食、小柴の〈シャコ〉は最近あがらなくなっているのが心配。

全国地酒に力を入れていて、今日は高知の「久礼《くれ》」にしてみよう。肴は金沢八景・小柴にあがる〈シャコ〉と、丸々太った一本をそのつど捌いて揚げる〈穴子天〉で決まり。

「聖地」とはいえ白調理着に夏はステテコ風、素足に下駄の主人はまったく気さくに飾らないのがいい。ちょっと手が空いたようなので話してみよう。

「横浜の人はどういう人？」「そうさなあ……新しもの好きだが、粘っこさがない（笑）。江戸っ子は3代続いてやっとと言うが、ハマっ子は3日でそうなる。さっぱりしすぎてるからベイスターズは弱いんだよ」アハハと屈託なく笑う顔は本物のハマっ子でした。

居酒屋のあとはバー。バーに入らなければハマに来たとはいえない。私の気に入りは山下公園がすぐそこの「**BAR　スリーマティーニ**」だ。

「うっす」「お、いらっしゃい」

謹厳な銀座あたりとちがい、夏はアロハ、冬は革ベストのマスターの少し無頼な雰囲気はいかにも横浜。横浜はまた日本のバー発祥の地。大正時代、ホテルニューグランドの前身だったグランドホテルのバーテンダーが、まだ珍しかった輸入パイナップルで作った「百万

「スリーマティーニ」のマスター山下さんとは、野毛に店があったころからのつきあい。クラシックな革のアームレストがいい。

ドル」という意味の景気のよい名のカクテル「ミリオンダラー」は、卵白の泡が豪華だ。小腹が空いたらぜひ〈ハムカツサンド〉を。

店内を埋める、トレー、水差し、栓抜き、灰皿、コースター、ジョニー・ウォーカー氏やスカートを押さえるモンロー像、フィギュアやランプなど洋酒ノベルティのコレクションは圧巻。音にこだわったジャズレコード演奏も嬉しい。今日はどういうバーを目指したのか聞いてみよう。

「海が目の前なので、玄関口になればと」

なるほど横浜らしい。さらにハマっ子の

特徴を聞くと「来る者は拒まず、去る者は追わず。何でも受け入れて友達になりやすい、ですか」。

いかにも港町。横浜に流れる自在な風が好きでオレもやってくるんだな。気分は石原裕次郎。もう一杯とつい長居になるのでした。

（2015年9月9日放送）

圧巻のノベルティコレクションを本にしたいと思っているが、出版社がみつからない。どこかでやらないか。

店舗情報

勝烈庵
横浜市中区常盤町5―58―2
☎045―681―4411

栄屋酒場
【2020年2月に閉店】

BAR スリーマティーニ
横浜市中区山下町28
ライオンズプラザ山下公園
☎045―664―4833

富山

水よし、酒よし、魚よし

富山不滅のキャッチフレーズは「水よし、酒よし、魚よし」。
「水」は富山の背骨・立山連峰の深い積雪が地中深くしみ込んで黒部峡谷から富山湾に注ぐ。富山の水道水は市販のミネラルウォーターよりもおいしく、富山駅前の老舗居酒屋「親爺」では、酒に添える水に「はい、富山の水道水」とわざわざ言い加えて出す。水がよければ「酒」もうまい。富山の酒のきれいな味は「水がいい」で共通する。
水は「魚」もよくする。標高３０００メートルからの冷たい伏流水は、富山湾の深い底まで沈むため海流の撹拌がおきて魚の身を引き締める。日本海の魚およそ８００種のうち

市内を流れる松川沿いは、両側を桜にはさまれた格好の散歩道。

５００種が生息している富山の魚がうまいのはこのためだ。さらに北前船の大寄港地だった富山は、北海道産の昆布を使った「昆布〆王国」となった。うまい酒と、うまい刺身と、その昆布〆、言うことなし。

市内を流れる松川沿いには富山の代表名

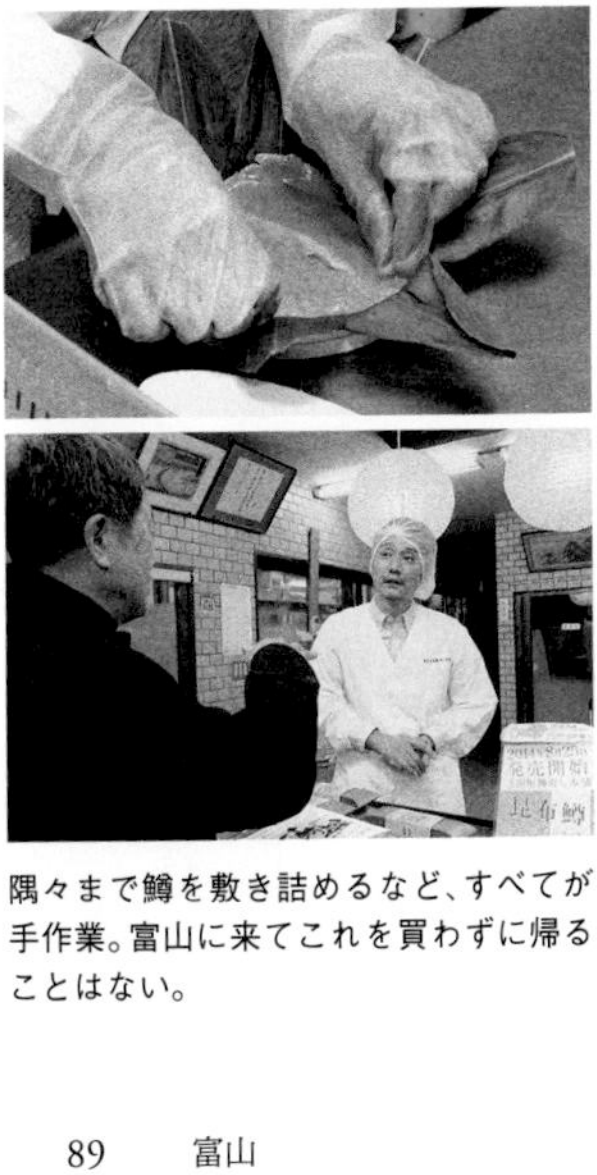

隅々まで鱒を敷き詰めるなど、すべてが手作業。富山に来てこれを買わずに帰ることはない。

ひっくり返して抜きだし、1枚ずつ笹を剥いで現れるピンク色が最高。

物「鱒寿司」店が何軒も並ぶ。老舗「**吉田屋鱒寿し本舗**」の3代目は「鱒寿司は鱒・米・笹の三位一体」と言う。緑の笹の葉は湿度を保った保存と香りづけ。押して5、6時間後あたりからが食べごろというのもお土産に最適で、東京出張の朝一番の飛行機に合わせて空港売店に出すため、深夜から用意するそうだ。

さらに食べ過ぎ飲み過ぎには「富山の薬」がある。江戸城内で急な腹痛で倒れた他藩藩主に、富山藩第2代藩主・前田正甫《まさとし》が印籠の「反魂丹」を飲ませるとたちどころに回復し、富山の薬の名声が高まった。

そして全国を回って家庭薬を置き、1年後に訪ねて使ったぶんの代金をいただく「先用後利」システムが定着。駅前に立つ、地方を行商する「富山のくすりやさん」像は、着物尻はしょりにハンチング帽、柳行李を背中に旅立つ父ちゃんを見送る子供がいい。

この全種類をお守りに買いました。

市内をややはずれた広い地に白壁が美しい「廣貫堂資料館」は、歴史とともに昔の売薬の展示が楽しい。薬名は「アスナオール」「チンツーサン」「セキサリン」「ケロポン」「ニッコリ」「ケロリット」などと効能がわかりやすく、共通するのは袋に描かれた美人で、そのパッケージを集めたコーナーにニコニコ。私は治ってマスクをはずそうとしている「散剤せきどめ」の美人さんが大好きでお守りにしています。

富山駅前の像は地面に立つのがよい。

戦後に復元された富山城は、町の中にある平城で、「浮城（うきしろ）」「安住城（あずみじょう）」とも呼ばれた。

酒も調べよう。駅前近く、大正末期創業の酒販店「布一酒店」はグラス一杯200円で富山地酒を試飲できる。大好きな「富美菊」は一升瓶最後の残りで100円にしてくれ嬉しい。店主の娘さんは「富山の女子は男子より日本酒飲みますから」と堂々のお言葉だった。

海山の相性

それでは本番。富山は駅近くと、離れた桜木町に飲食街がある。

桜木町に〈四方《よかた》浜キトキト魚直送　旬と活を食べていただきます〉の木看板が嬉しい「**魚処やつはし**」は、およそ20年も前、富山で初めて入った居酒屋で、そのとき教わった〈ブリしゃぶ〉ですっかり富山のとりこになった。

そのときの主人は引退され、今はながく手伝っていた板前さんが腕をふるう。カウンターの大きなガラスケースに入る魚はすべて四方漁港で早朝に競《せ》り落としてきた一尾まるごとだ。ここはつべこべ言わず〈刺身盛り合わせ〉。コショウ鯛、鯖、甘海老、ソデイカ、バイ

駅前「布一酒店」で「富美菊」を立ち飲み。

魚処 やつはし

まずは、日本海の魚の宝庫・富山キトキトの〈刺身盛り合わせ〉。

初めて来た富山で「やつはし」に入り、「まかないですが」といただいたのが〈ブリしゃぶ〉との出会い。私は正月は家でもやってます。

貝、その胆。訪ねて来た元主人が「ソデイカは必ずオス・メスつがいで泳ぎ、先にメスを獲ればオスはついてくるが、オスだとメスは逃げちゃう」「人間と同じですね」と笑い合う。

さあて〈ブリしゃぶ〉。そのつどおろす切り身は「面積広く、薄く」が包丁の見せどころ。それを昆布の入った熱々小鍋にくぐらす。「一回、もう一回、はい上げて」計3秒で表面が白くなり、全7切れをたちまちいただいた。地元のブリは脂がよくのっているので漁師はこうしていたという。冬の富山でこれ食べなきゃ来た甲斐がありません。

駅近く、2005年にオープンした「**囲炉裏　醸家《じょうや》**」は黒格子の武家風。中は広く、私はカウンターへ。萬《ま》寿《す》泉《いずみ》、勝駒、立山、吉乃友、羽根屋など富山地酒はずらり。刺身から始まる大充実の品書きから奨められた、アルミホイルに昆布と葱を敷いて焼いた〈真タラ白子松前焼〉は昆布王国富山ならでは。葱で香りをつけたのがお手柄で、ごひいき富美菊の「羽根屋」にぴったり。しばらく富美菊の美人蔵元談義に花が咲く。まだ若い主人は喋り方の落ち着いたハンサムで、熱心に酒蔵を訪ね、この店にも殆どの蔵元が飲みに来ているという。

品書きで目を引いたのは〈しかわさ〉〈自家製ししジャーキー〉などの獣類だ。五箇山産

囲炉裏 醸家

五箇山産〈くまの小鍋〉は驚きの一品。下の〈ねぎ味噌袋〉は酒飲み泣かせ。

目配りのきいた富山実力名酒、地産を尊び工夫のきいた料理、主人のまっすぐな目。これほどの名店があったとは。

〈くまの小鍋〉は、予想よりもさっぱりとしてきれいな脂がとてもおいしく「ぜひこれに合わせてください」と奨められた「三笑楽」蔵出し生原酒ととても合う。その合い方は「たき火の温かさ」と言う私に、彼はにっこりと「海のものは海の蔵、例えばブリには満寿泉。山のものには山の蔵、例えば熊には三笑楽」。これはよい言葉だ。熊鍋のファンは多く、親戚に熊撃ちがいるので用意できるそうだ。堪能した後の、油揚に葱味噌を入れて焼いた〈ねぎ味噌袋〉でさらに酒がすすむ。

　富山の人は自分の人生を堅実につくって家族を大切にするという。この旅で出会った人はみなそうだった。「水よし、酒よし、魚よし」、そして「人よし」。富山万歳。

（２０１９年2月10日放送）

店舗情報

吉田屋鱒寿し本舗
富山市安野町２－６－６
☎０７６－４２１－６３８３

魚処やつはし
富山市桜木町６－４
千歳ビル１Ｆ
☎０７６－４３１－８２８４

囲炉裏　醸家
富山市桜町２－６－12
フクダビル１Ｆ
☎０７６－４３３－８１００

静岡

酒どころ、魚どころ

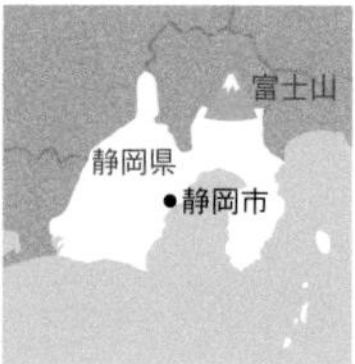

徳川家康は将軍職を息子に譲り、自らは隠居する地を、気候温暖、食材豊富で住みやすい静岡に定め、駿府《すんぷ》城を造った。駅前にはずんぐり体形の家康の像が立ち、市内は今も呉服町、両替町、紺屋町などの町名が残る。

標高３０７メートル、有度《うど》山一帯は、東征で立ち寄った日本武尊《やまとたけるのみこと》にちなみ「日本平」と名づけられ、そこに立つ日本武尊像は長身痩躯でハンサムだ。隈研吾設計により新しくできた木造六角の「日本平夢テラス」は3階をウッドデッキの回廊が一周し、眼下に三保松原、清水港、遠く伊豆半島を置いて見る霊峰富士はまことにすばらしい。四方から眺められる富

「日本平夢テラス」から眺める四方の絶景はすばらしい。

士だが、海を含めて海抜３７７６メートルの全容が見えるここが日本一だろう。

そこからロープウェイで下ると、家康の遺言で建てられ、死後すぐに埋葬された「**久能山東照宮**」だ。正面の高い石段を上った御社殿は、柱の朱、屋根の緑、装飾の

木とガラスでできた「夢テラス」は四方に明るい。刀を構える日本武尊像は若くハンサム。

近景の森、中景の港、遠景の雲上富士。これぞ日本一の富士の眺め。

石段を上がった久能山東照宮は、豪華絢爛に見どころ満載。美術価値高いすべてが国宝。

金がまことに絢爛で、精緻な彫刻はまったく見飽きない。正殿は正面に家康公、右に秀吉、左に信長を祀る。さらに奥の石垣高い露天の神廟は釣鐘形に屋根を戴き、豪華な社殿とは一転して静《せい》謐《ひつ》な威厳がある。死去の一年後、御霊は日光東照宮に祀られ、こちらも奥宮宝塔は同じ形。また東京上野にも東照宮があり、どこも訪ねたが社殿の色彩豊かな装飾は共通していた。

鮮魚店で飲む

静岡は目の前の黒潮に魚がいっぱいの恵まれた地。私のお奨め「**大石商店**」は、市

鮮魚ケースには主人の捌くお刺身満載。

内からはずれた住宅地にぽつんとある鮮魚店だ。

車が走る通りに面した大きな冷蔵ガラスケースには、静岡水揚げ鮮魚が満艦飾。「本日のおさしみ」は〈赤貝・あおりいか・たこ・カンパチ・甘エビ・かつお・真あじ・アジたたき〉。さらに「天然生まぐろ」は、脂のりに応じて赤身から大とろまで、５５０円・６８０円・７５０円・８５０円・１０００円と分けられ、一尾すべてを捌く勢いが伝わり、酒飲みは舌なめずりだ。

それに応えるように〈中で（ちょっとだけ）飲めます〉〈煮魚できます〉の張り紙が。ここは酒屋でもあり奥で飲める。つまり表で好きな刺身を頼み、左の酒屋で缶ビールでも日本酒でも好きな酒を出し、冷えたグラスやおしぼりも自分で取って、奥土間の簡単な机に置く。

私のセレクトは酒は「正雪」生一合瓶。刺身はまぐろ赤身の〈本まぐろ・ばちまぐろ・き

大石商店

切りたて〈まぐろ赤身三種盛り〉。こんなうまいまぐろは食べたことない。右上は〈皮つきカツオ〉これがまた……。

揚げたて〈太刀魚フライ〉は食べなきゃ損。人のよいお父さん・お母さん、美人姉妹、そして孫。幸せそのものの居心地万歳。

はだまぐろ〉が2切れずつ。その味は〈キレ・コク・アッサリ〉。銀肌に黒縞の〈皮つきカツオ〉は、梅酢に1分ほど浸して醤油をつける食べ方が生臭みを消して爽快。つねに大俎板《まないた》に水を流し、注文を受けて捌く刺身のすばらしさは、もう他所では食べられない！

さらに奨められた、隣りに見える家庭台所でジャーと揚げた「今朝どれ」太刀魚の〈太刀魚フライ〉のうまさ。これにはビールだといそいそと取りにゆく。

ここは古い店で3代目ご主人・奥様・2人のお子さん姉妹の計4人が働く。お母さんに似る美人姉妹はそれぞれ2人ずつ子供がいるそうだが見るからに若い。旦那さんが勤めに出ている昼間はここを手伝い、奥座敷には赤ちゃんがすやすやお眠り中。そこに「ただいま〜」と小学生の女の子が帰ってきて、私はもうめろめろだ。

額に入った写真、夏の甲子園入場式の先頭で校旗を持つのは、静岡商業野球部で2度出場したご主人。弟さんは静商野球部から大阪近鉄バファローズに入団、4度の盗塁王で名二塁手と言われた大石大二郎と聞いてびっくり。鮮魚店は早じまいで夜は7時まで。皆さん、小さな子もいる家族の店に、決してどやどや行かないでください。

老舗で飲む

ほのぼのと豊かな気持ちになった。次はなじみに顔をだそう。

「こんちは」「お、太田さん、いらっしゃい」

にっこり笑う山賊髭はこちらも3代目。駅に近い1923年創業の居酒屋「**多可能**」は山小屋のような木造一軒家で、風情ある紺暖簾を大きな置行灯が照らしだす。店内は広く、机席の奥は床の間付きの大座敷。そこがいつも満員だ。一人の私は小さなカウンターへ。酒は昔から静岡地酒「萩錦」。そのガラス一合瓶を燗するアカ（銅）の特製燗付器・32穴は、日本中の居酒屋燗付器を見た私の知る限り最大だが、昔はこれがつねに満杯だったそうだ。

静岡名産は桜海老。大きな〈桜海老天〉を海老同士をくっつけずに揚げる熟練の技。もう一つの名産〈生しらす〉は、用宗《もちむね》港で揚がるその日のものしか使わず、あればラッキー。都会のしんなりした生しらすとは違い、きょろりとした目はまっすぐこちらを見て、透明な身

夜ともなればいそいそと「多可能」に決まり。

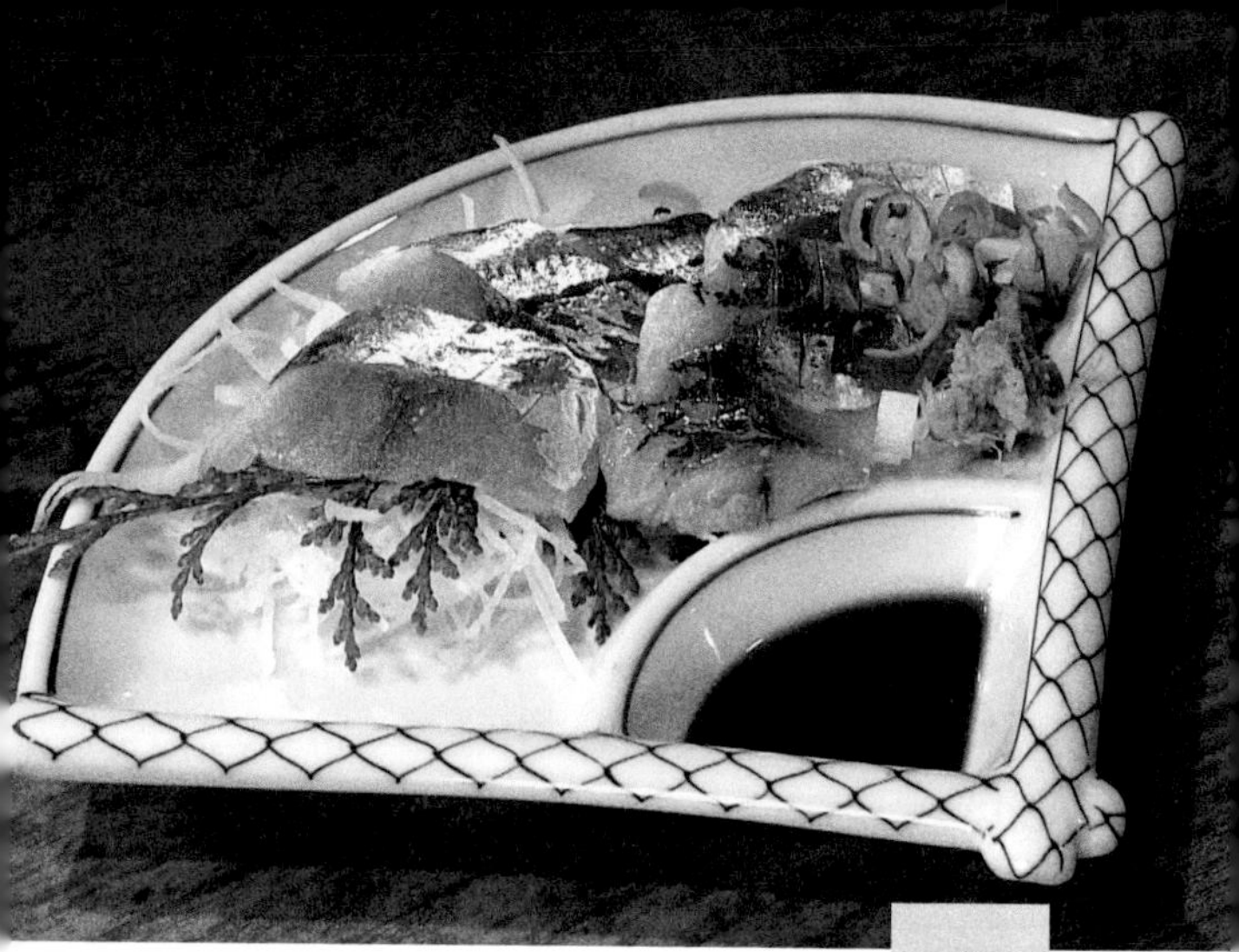

多可能

桜海老、生しらすに飽きた（！）地元常連は〈酢あじ〉。魚を知り尽くした加減のすばらしさ。東京では無理です。

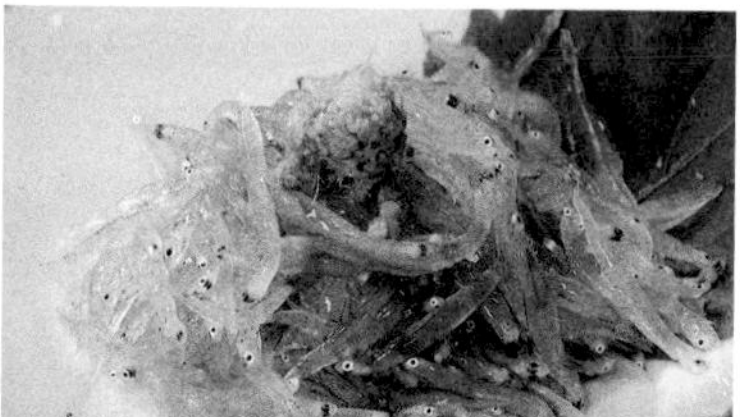

午前水揚げの生しらすは、東京で見るものとはまったくちがう。お父さんと久しぶりに握手、後ろが息子。

はピチピチと硬く、これぞ本物の新鮮さだ。さらに古くからの名品は、活きのよい鯵をまず塩に、そして酢に浸けた〈酢あじ〉。酒の肴に最高だ。

駅にあるような古い丸形大時計は終電を知らせる客用に置いたもの。2代目が長かったお父さんは今は厨房を手伝うが、古い客（私も）には出てきて挨拶してくれる。お母さんが山から採ってくる野花が、いつも見上げるように盛大に活けられるのが、お元気な証拠で嬉しい。3代目のお子さんお嬢さんは、私が訪ねたときは大学受験の猛勉強中と聞いた。

ここにも家族で代々続く店がある。産物豊か、気候温暖な静岡は、家族の温かさも自然につながっているのだろう。

（2018年12月23日放送）

店舗情報

久能山東照宮
静岡市駿河区根古屋390
☎054-237-2438

大石商店
静岡市駿河区高松2277
☎054-237-2525

多可能
静岡市葵区紺屋町5-4
☎054-251-0131

大阪１

大阪居酒屋のルネサンス

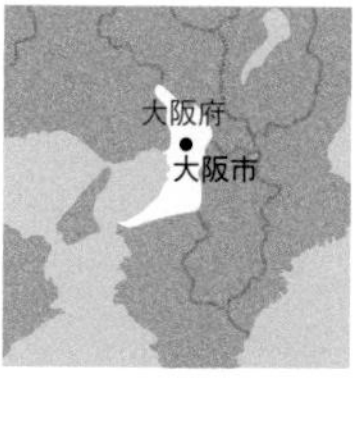

大阪城は１５８５年、豊臣秀吉により築城され、大坂夏の陣で焼失滅亡。現在の天守閣は１９３１年の再建。５層６階の威容は派手好みの秀吉らしく、軒も庇《ひさし》も天守閣の鯱《しゃちほこ》も金色にあふれ、最上階外壁を取り巻いて虎が一周する。

天守閣本体は鉄筋コンクリートでも広大な内堀などの城域は当時のままで、見どころは秀吉が各藩に献上させた巨石の石垣だ。最も大きな「蛸石」は、四角に削った高さ約5メートル、幅約11メートル、重量１３０トンはエジプトのピラミッドにもない、単石材として世界最大という。その巨石を一分の隙もなく精密に組み合わせた造形美に惚れ惚れする。

賑わう黒門市場、観光客は立ち食いの列。

大阪の台所「黒門市場」はアーケードに巨大なフグやタコを下げ、いくつもに枝分かれしてあらゆる食材が並ぶ。一日3万人の客の9割は中国あたりからの観光客だそうで、たこ焼や帆立貝焼、鉄板のいか焼などに立ち食いの列だ。

石垣で最も大きな「蛸石」の表面積は約36畳ある。岩、石好きの私にはたまらない。

食い倒れ大阪の台所「黒門市場」の巨大なタコ。

大阪は今、日本一の居酒屋都市だ。しかし20年ほど前まではそうではなかった。もとより大阪は「食い倒れ」の町で、食べることへの欲はどこよりも強く、それゆえ日本中から食材を集め、名料理人と舌の肥えた客の丁々発止により日本一の食文化を築いたが、それは「割烹」のこと。割烹は料理が主役で酒は脇役だ。

町場の居酒屋は酒が主役だが、大阪は日本一の酒の生産地・灘を控え、そこで量産される凡酒ばかりが出回り、日本酒はそういうものだという観念の下、たこ焼や串揚げなどの安直な肴で、安く腹にたまって酔えればいいという以上のものではなかった。30年ほど前、張り切って大阪の居酒屋取材に行った私は、東京にあるようなよい酒と肴を備えた居酒屋には一軒も出会えなかった。

さかのぼることおよそ40年も前、酒販店「**山中酒の店**」を継いだ山中基康さんは、地方で造られている本物の日本酒に目ざめ日本酒専門店とした。ビールの扱いもやめて酒販の業績は大幅に減ったが、熱心に地方の蔵を訪ねて探した名酒を手に飲食店を回っては本物を説き、

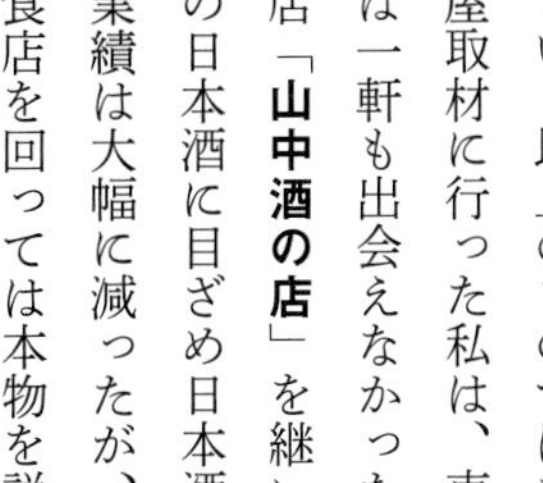

「山中酒の店」ここから２階へ。

２段階に温度管理した保冷庫、適温の燗で供される試飲コーナー、１本から買える気軽さ、上階には料理との相性をきわめる「佳酒真楽　やまなか」と、まさに地酒の殿堂。

次第に支持を増やして「よい酒は山中」の定評を築いてゆく。

酒が弱かった大阪に本物地酒を浸透させた山中さんは、よい酒はよい料理があってこそと、居酒屋を育てることに舵を切る。山中酒の店の上階に始めた「佳酒真楽　やまなか」で自ら包丁も握りながら、若い人を身近で修業させ、さらに居酒屋を仕事とするには経営力も身に付けなければと、やまなかで修業した若者に「お前たちだけでやってみろ」と、別の場所に「佳酒真楽まゆのあな」を開店（現在は閉店）。まったく口を出さず料理も接客も経営もすべてをまかせた。まさに「繭の穴＝ここから育て」だ。そこの初代店長・伊戸川さん、２代目・中村さん、３代目・藤井さんは、それぞれ独立し「味酒《うまざけ》　かむなび」「燗の美穂」「うつつよ」などの名店を作っていった。もとより食い倒れ大阪は、味にもコスパにもうるさい土地柄。山中さんの考える「よい酒を、よい肴で、安く提供する」本物の居酒屋は、大阪人に熱気をもって受け入れられ、後に続くすべての店の指標となった。こうして大阪の居酒屋にルネサンスがおきた。

先輩後輩にはさまれて

大国町の「山中酒の店」はモダンな４階建て。明るいフローリングテラスのある２階売場は試飲して購入でき、プロも酒好きも来客が絶えない。温度帯を分けた３室には全国１００蔵以上の１０００種におよぶ名酒が並ぶ。

「ごぶさたしております」「ああ、いらっしゃい」

70歳を超えて穏やかな山中さんは、私に日本酒の多様と味わい方を教えてくれた恩人

「佳酒真楽　さかふね」のカウンター
後ろは気楽な座敷。

だ。そこからご一緒していただいた「**佳酒真楽　さかふね**」は、1990年、すべての理想を傾けて開店した割烹居酒屋。履物を脱ぐ木造の店内は六角形に中庭を囲んで明るく、椅子席あり、卓袱台席あり、2階に畳座敷あり、さらに檜風呂まであり希望すれば入れ、私は入った。一角のカウンターに立つのは、やまなか出身の系列8店を束ねる壮年の息子さんだ。〈活け鱧焼霜造り〉には「紀土《きつど》」、〈白ミル貝造り〉には「天遊琳」、〈イワシへしこ〉には特製樽詰め「東北泉」。肴に相談して合わせる酒の味の醍醐味。ここは居酒屋の殿堂だ。

もう一軒。今日は休みの、笑顔が人気の「燗の美穂」の中村美穂さんをお誘いして「**日本酒餐味　うつつよ**」へ。ここも履物を脱ぐ古民家の2階をいっぱいに使い、裸の天井木組みを徹底的に磨き、頭はぶつかるが中2階には座り座敷もある。伊戸川さんの「かむなび」はモダン、美穂さんの「燗の美穂」は昭和アヴァンギャルド、藤井さんは古民家と、それぞれ店造りも独創的で「山中の支店になるな、自分の個性を出せ」という教えに応えている。

佳酒真楽 さかふね

上〈淡路産活け鱧焼霜造り〉、下〈イワシへしこ〉など、酒を意識した料理は完璧。

右の酒保冷庫を横目に明るいカウンターで一杯やる、これぞ理想の居酒屋。右端（山中さん）と左端（息子さん）で親子対面。

日本酒餐味 うつつよ

今日は休みの「燗の美穂」中村さんと連れだって、藤井さんの「うつつよ」へ。

藤井さんの料理の特徴は「細やかな洗練」。そのたびに酒を選ぶ楽しさ。

さあ飲むぞ。さりげないお通し〈ひいか・しろ菜・青うり・新生姜の味噌かけ〉の上品な美味。1週間寝かせた〈村公一さんのスズキ〉に合わせた「奥能登の白菊」。珍しくカウンター客席に座る美穂さんは後輩の仕事ぶりに目を細め、お奨めの〈島根甘鯛うろこ焼〉に「フライパンでやるんだ」と洩らす。藤井さんはフレンチも勉強して応用したという。合わせた「土佐しらぎく」のお燗がまたぴったりで……。

なじみの店の先輩後輩にはさまれて傾ける盃の楽しさ。初めて来た大阪に居酒屋なしと思ってから30年。今こういう酒が飲めるとは。酒を育て、人を育て、居酒屋を育てた山中さんの思う大阪居酒屋が、まさに花開いている。

（２０１９年８月５日放送）

店舗情報

大阪城
大阪市中央区大阪城1−1
☎06−6941−3044

山中酒の店
大阪市浪速区敷津西1−10−19
☎06−6631−3959

佳酒真楽　さかふね
大阪市浪速区元町3−12−9
☎06−6649−3659

日本酒餐昧　うつつよ
大阪市中央区本町3−2−1−2F
☎06−6281−8322

大阪2

名店ぞろいをはしご

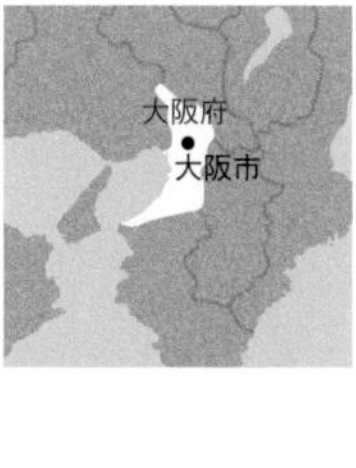

大阪居酒屋にルネサンスをおこした山中さんに続き、さらにそれを進めるメンバーが現れた。「やまなか」で修業して「**味酒《うまざけ》　かむなび**」を開いた伊戸川さん、「**酒や肴　よしむら**」の吉村さん、「**蔵朱《くらっしゅ》**」の大西さん。同世代の3人は会って飲むうち「日本酒卍固め」なるグループを結成。２０１０年、蔵元と居酒屋が組んで屋台村形式で酒と肴を楽しむイベント「上方日本酒ワールド」を立ち上げた。毎年5月の連休、大阪天満宮の広い境内に日本中から蔵元、居酒屋が集まり、もちろん山中さんも「やまなか」卒業生も積極的に手伝い、私も何度か参加。今では「一回で全員に会える」楽しみになった。私も見習って東京で「大江戸

（上）上方日本酒ワールド。
（右）左から、伊戸川浩一さん、吉村康昌さん、大西正哉さんの「日本酒卍固め」グループ。

日本酒まつり」を提唱し、こちらも続いている。大阪から始まったこのイベントは今や日本中に拡大した。

＊

銅座公園前の「味酒　かむなび」は、打ち放しコンクリート壁の左が板扉の入口、右の狭いガラスからは店内がのぞき見えるモダンな設計。照明に枯枝をからませ、カウンターを木漏れ陽で照らす。

「こんちは」「おひさしぶりです」と言っても去年秋、東京の大江戸日本酒まつりに卍固めグループ＋美穂さんでゲスト参加していただき、トークもしてもらった。ここの料理はコース。魚から野菜まで列記される本日仕入れの食材を使って、6品おまかせに加え、ずらりと並ぶ本日の酒肴から3品を選べる。酒はそれこそ一騎当千だ。本日は〈淡

味酒かむなび

木漏れ陽カウンターに立つお２人は「やまなか」同級生。奥様はサンバ好き。ガラス徳利コレクションがグヤジー。

豆いろいろの〈塩豆〉は楊枝で刺して選ぶのが楽しい。〈骨抜き鱧お造り〉は小骨抜きの手間がかかっている。

珍しいひょうたん型ガラス徳利とつまみ付き錫盃。

路島の新玉ネギすり流し〉から始まり、〈骨抜き鱧お造り〉に「不老泉山廃純米吟醸」でスタート。脇に置くのは当店名物、栗隠元・鞍掛・ひよこ・金時など豆いろいろの蒸篭《せいろ》蒸し〈お豆さん〉だ。

上方日本酒ワールドを回想して「それまでホテルの日本酒の会などはよく行ってたんですが、明るい太陽の下、外でやる方が若い人にはいいだろうと思って」と言う伊戸川さんは粋な細縞ハッピに手拭かぶり、陽気な奥様は着物に縦縞割烹着。2人は「やまなか」同期で結婚した仲。その夫婦漫才が大好きだ。

*

大阪の天神さん＝大阪天満宮に近いカウンター10席の「酒や肴　よしむら」は実力と、ハンサム主人・美人奥様でファンが絶えない。2人とも素人風の純白シャツ姿のとおり吉村さんは元サラリーマン、自分の行きたい居酒屋がないことを動機に転身。黒板の料理はみな工夫あるものばかりで端から頼みたくなる。

お通しの〈もずく・金目鯛刺身・モロヘイヤ・湯葉酢の物〉は色美しく食欲をそそる。和

おそろい白シャツのハンサム＆美人のカウンターにはファンがいっぱい。

酒や肴 よしむら

板前修業とはまたちがう、独自の「自分の食べたい肴」は、オリジナル性ゆたかに酒飲みを満足させる。

辛子・糀・麻の実などの山形の香辛料を使った〈かつおと九条葱のあけがらし和え〉は焼き目をつけた鰹の皮を添えるのが嬉しく、それなら山形つながりで「山形正宗」だ。〈穴子と生姜の煮こごり〉に合わせた茨城の酒「大観」は、以前たまたま客で来ていた酒販店の方に教わり、たいへん気に入った酒だ。「あれから2本注文しましたよ」「知ってます」と笑われる。まさに至福のとき。

*

表通りに杉玉の下がる階段を上がった2階「蔵朱」の大西さんは、海外で腕を披露したこともあるお燗名人として知られる。今日はその技を堪能しよう。

〈芽キャベツ・大阪なす・燻製鯖〉などを盛り合わせたお通しを脇に、「燗酒を現代に」と頭書した酒メニューから選んだのは「日置桜純米」。お燗その1はストレート燗。「何か原始的な力強さがあるね」「酒米、『先祖帰り強力』の特徴です」。お燗その2は、ちろりの熱燗を氷水で急冷し、もう一度温める「燗↓冷↓燗」の急冷燗。「お化粧していい女になったな」「ははは、そうです」。お燗その3は、熱燗のちろりをはるか高くからじょぼじょぼと何度も

派手さのない落ち着いた店内は、時間をかけてお燗を味わうのに最適だ。

蔵朱

あまり喋りが得意でないという大西さんは、お燗になると目つきが変わる。毎年の「大江戸日本酒まつり」ご出張ご苦労さまです。

注ぎ替える「オカンタージュ」の技。「軽い！　軽くなった、別人だ」。同じ酒がお燗でこんなに味が変わるものか。私の感想に、丸刈りぼそぼそ口の大西さんはにんまり笑った。

*

さらに立役者は大阪居酒屋のマドンナ・原口起久代さんだ。２００８年から始めたイベント「愛酒でいと」は回を重ねて、体育館のような大会場でバンド演奏もと、どんどんスケールが大きくなり、ゲストに呼ばれた私も熱気に興奮し「この酒の味は、長澤まさみ！」と叫んで笑われた。

子育て中の原口さんと白割烹着で手伝うお母さん２人の「**日本酒うさぎ**」はビル半地下通路の小さな店で、家庭的雰囲気に男たちがくつろぎに来る。一番人気の出汁自慢〈鶏つくねと玉葱のたいたん〉に三重の「酒屋八兵衛」を合わせてみよう。

「愛酒でいと」でカンパーイ（2018年）。

大阪居酒屋のマドンナ原口さんとお母さん。
飲めなかったお母さんは今や晩酌派。

日本酒うさぎ

気取らない家庭料理がお母さんの味。最後の
砦にたどりついてリラックス。

「全国の蔵を訪ねるうち、実際にお酒を作っているのは若い人ばかりと気づき、それなら若手蔵元を結集して盛り上げようと始めた」とおり、そのパワーはすばらしく、毎年作るポスターは奇抜なアイデアでコレクターがいるほどだ。私も大阪に飲みに来た最後はいつもここ。気さくなお母さん、美人原口さんダーイ好き。

　大阪を日本一の居酒屋都市にしたのはこれらの店同士の「ライバルではなく一緒に盛り上げよう」という仲の良さ、「イベントの実行力・継続力」、それについてくるファンの盛り上がりだ。その成果は続く世代となってすでに表れている。居酒屋の町・大阪は不動になった。

（２０１９年８月12日放送）

店舗情報

味酒　かむなび
大阪市中央区内久宝寺町
2−7−12
☎06−6765−0930

酒や肴　よしむら
大阪市北区天神橋1−13−21
☎06−6353−4460

蔵朱
大阪市中央区南新町
2−3−1
☎06−6944−5377

日本酒うさぎ
大阪市中央区内本町
2−3−8
ダイアパレスビル本町1F
☎06−6944−8899

仙台

緑ゆたかに、情あつく

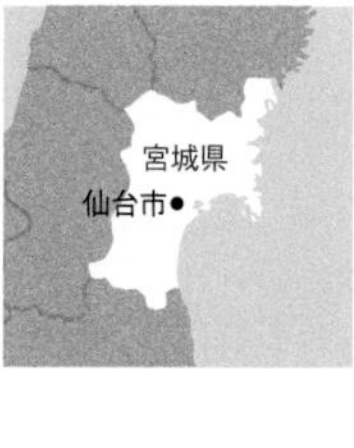

東京駅から東北新幹線で約2時間。少しうたた寝しているとすぐ着く仙台は「杜《もり》の都」。藩主・伊達政宗の植林政策で作られた町は、広い青葉通、定禅寺通などの梢高い欅《けやき》並木が新緑に染まる初夏が最高だ。よく整備された通りの整然たるビル街は東京と変わらないが、今日は古い仙台を訪ねてみよう。

それは駅にほど近い〈よくござったな　仙台朝市〉とある、戦後焼け野原の青空市場から始まった市民市場だ。通りからどこでも入れて奥は深くあらゆる食材が並び、とりわけウニ、ホヤ、メイタガレイなどの東北の海の幸は勢ぞろい。〈切りたてよ〉とある朝まで生きてい

一日中買物客で賑わう仙台朝市は美人店員さんばかりで、つい買いすぎてしまう。

た活穴子の刺身はきれいな脂が甘く、閖上《ゆりあげ》の日本一の赤貝は貝好きにはこたえられない。「朝市」なれど夕方まで開いて夕飯の買物にもなる、まさに仙台の台所だ。

もう一つ嬉しいのは、売場の女性が若い娘もお母さんも美人ばかり！　しかも愛想もよく、皆さん仙台でここ行かなきゃ損です。

仙台はまた「横丁の町」。かつてあった映画館「文化キネ

剥きたて殻つきウニ、たまりまへん。

仙台は横丁の町。狭い小路は冬の寒さから守り、人を結びつける。

マ」から名がついた文化横丁には東北一の名居酒屋「源氏」がある。住所、青葉一番町2の3から名がついた壱弐参（いろは）横丁は二筋が並んで横丁の中でいちばん長く、生活品や老舗鰻屋、名珈琲店などいろいろ。駅前に近い仙台銀座はやや小ぶりだが気のきいた居酒屋に常連が多く、狭い小路は人と人を近づける。

さて夜の一軒めは仙台、いや東北一の繁華街・国分町の中心をややはずれたビルの階段を上がった、カウンター数席とテーブルの小居酒屋「**旬味酒好　かん**」だ。〝純米酒の県宣言〟をした宮城の地酒、雪の松島、田林《でんりん》、蒼天伝《そうてんでん》、萩の鶴、山和《やまわ》、日高見、黄金澤、伯楽星、綿屋、宮寒梅などから、初夏の今に常温で飲む夏吟醸「水鳥記《みずとりき》」山田錦の濃い味がうまい。

肴は充実したお通しが順に3品出るので、あわてて注文しなくてよい。本日は緑大ぶりの青葉と豆が載る〈手作り豆腐枝豆あんかけ〉、塩わさびが合う〈黒ソイ炙り刺し〉、煮穴子たっぷりの〈松島産穴子煮こごり〉。これだけで冷や酒グラス一杯がたちまち空に。

海のパイナップル、一度はお試しを。

それではと当店オリジナル酒「かん」の「燗」にして、目の前のガラスケースに大きなイボイボをまとって巨大に赤く丸い、今が時季の仙台名物・海のパイナップル〈ホヤ〉だ。これを最初に食べた人は偉い、いやこの味をうまいと思った人こそ偉い、などといわれる珍味中の珍味で好き嫌いがはっきり分かれる。私は好き派だが「仙台で食べるに限る」の条件つきだ。

「うーむ」あごをさすって眺める私に主人が「焼きはどうですか、

旬味酒好 かん

これは刺身、下のは焼き。大きいのでこれができる。どちらがお好みか？

気さくな主人はここで大震災を経験し、店は壊れたが怪我はなく、すぐ奥様に電話で安否確認。そして苦節営業再開した。

たまにはいいですよ」「うーむ」新鮮なればこそがホヤだから当然刺身と思っていた。「半々、だめ？」。にっこり笑ってOK。さっそく女川《おながわ》産の大きいのを割り裂いた刺身をポン酢で「これこれ、このエグ味」と相好《そうごう》をくずしたが、初めての「炭火焼き」は旨味が凝縮して野性味が強調され、「こっちの方がいいかな？」に、またまた笑われてしまった。

主人は食品の商社マン時代が長かったが、いろいろな品を扱ううちに「その食べ物の本懐をとげさせるため、食べさせる仕事に転じた」と顔をくしゃくしゃにして笑う。その人柄に、一人で来る女性ファンも多い。「あくまで自分が育った宮城重視」と言う顔がさわやかだ。

国分町の夜

二軒め「**酔亭よっちゃん**」はここからほど近いが、ビル谷間の暗い奥は見つけにくく、点々と続く笠電灯の下を半信半疑で行くと、なんと竹垣ではさまれて植木のある石畳小路に立派な玄関の料亭風でたじろぐ。恐るおそる開けると「らっしゃーい！」の声が嬉しい居酒屋だ。中は広く座敷もあるが、復興支援Tシャツを売るくだけた雰囲気。私はいつものカウンターへ。ここも宮城地酒に特化。「浦霞」の生酒燗にして品書きを。

「いしかげ貝って何？」

これも宮城の海の特産で〈いしがき貝〉の名で流通している。その味は「青柳に似てそれより濃厚」と貝好きの私にはたまらない。北海タコの〈吸盤だけ〉はもみじおろしがぴたり。

カウンターに立つのは、正確に伝えようとするあまり言葉に詰まる実直な若主人と、はきはきと気っ風よい若女将の名コンビ。私とはもう30年のつきあいだ。

「東一連鎖街はよかったなあ」「ほんとです」と言い合うのは、三越裏に筋が3本並んだ日本一の木造家屋飲み屋街のことだ。お定まりの再開発でとてもつまらないビルになってしまった仙台市政の大失敗を嘆く。酔亭よっちゃんはそこにあり、前の店は極小ゆえに超雑然としていたが、広いこちらに移ってもそれは変わらず「結局この方が仕事しやすいんす」と頭をかく。〆はご自慢の〈手打ちそば〉に「はい」と張り切った。

夜の国分町はバーやクラブの林立する並木の通りに花屋がいくつも開店中で、東京銀座と変わらない。そのまんま中のビル地下、仙台一の「**BAR arcenciel**（バー　アルカンシェル）」

酔亭 よっちゃん

貝好きの私をうならせた〈いしかげ貝〉は、香り高級、甘みほんのりの上品さ。

働き者主人と、気っ風よい若女将は名コンビ。奥は大勢OKのスペース。ここが仙台のホームグラウンド。

名バーテンダー石垣隆史さんも銀髪になってきた。

だ。こちらとも30年のおつきあい。東京のホテルニューオータニ、霞が関の名店「ガスライト」で修業した腕も確かに「ネバダ」の一杯がうまい。

「仙台はどういうところですか?」の質問に、ややおいて答えた。「都会都会してないが田舎でもない。緑が多くて住みやすくゆったりして、人の情があついです」

それはまさに理想だ。これからも「杜の都」仙台へ通おう。

（2016年8月3日放送）

店舗情報

旬味酒好　かん
仙台市青葉区国分町
2−13−11
ベルサイユビル2F
☎022−225−8148

酔亭よっちゃん
仙台市青葉区国分町
2−8−31
☎022−224−5667

BAR arcenciel
（バー アルカンシェル）
仙台市青葉区国分町
2−10−21
邦栄ビルB1F
☎022−712−6285

青葉山公園から見下ろす「杜の都」仙台。

名古屋

日本一の居酒屋ここにあり

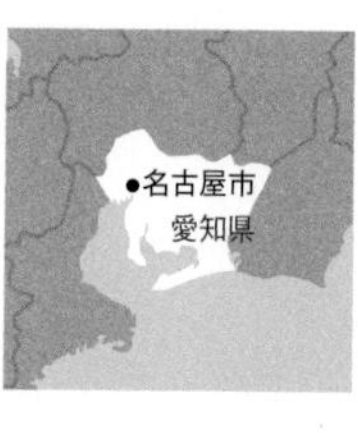

名古屋の歴史は古く、草薙剣《くさなぎのつるぎ》を祀る「熱田神宮」の創建は景行天皇43（113）年と伝えられる。南門の木の大鳥居をくぐり、森閑たる大樹が覆う広い玉砂利の参道をゆっくり歩むと、気持ちが落ち着いてくる。

信長、秀吉、家康の戦国時代に舞台となったのが名古屋。桶狭間の戦いに臨んで必勝祈願した信長が、戦勝御礼に寄進した「信長塀」は瓦を重ねた築地塀で今も残る。手水舎《ちょうずや》に近く何段にも重なる御神酒《みき》、愛知地酒薦《こも》被り樽の、國盛《くにざかり》、金虎《きんとら》、千瓢《せんぴょう》、神鶴、長誉《ちょうよ》、賜冠《しかん》、尊皇など、天下国家を見据えたかのような名前はいかにも名古屋らしい。鰹木《かつおぎ》、千木《ちぎ》の上がる神

熱田神宮南門。ここからの長い玉砂利参道は心を落ち着かせる。

明造り本宮は、結納、結婚、七五三など人生の節目に参拝する人が絶えない。
　創建は元弘3（1333）年、家康の命で遷宮された朱塗りの「大須《おおす》観音」は、日常に手を合わす人が多く、節分会《せつぶんえ》の豆まきには大勢が集まる。門前の大須観音通りは

朱塗りの門から入る大須観音は日本三大観音の一つ。七福神の布袋を祀る。

〈ひつまぶし〉は名古屋人の気取らない合理性の表れ、おいしいです。

東京浅草に似て射的場や古着屋などが庶民的で、名人・志ん朝が毎年高座を務めた大須演芸場が健在なのも嬉しい。

関東、関西にはさまれた名古屋は、きしめん、味噌煮込みうどん、味噌かつ、天むす、手羽先、あんかけスパゲティ、トースト・ゆで卵・サラダ・ウインナまでつく過剰なモーニングサービスなど、独特の食を生んだ。

その一つが鰻の〈ひつまぶし〉だ。明治42年創業の「**いば昇**《しょう》」は、中庭を囲む落ち着いた老舗。蒸さずに何度もたれをくぐらせてしっかり焼き上げた蒲焼を、小さく切って丼ごはんに重ねたのを、しゃもじで茶碗にとっていただく。一杯めはそのままで焦げ風味を味わい、二杯めは山葵《わさび》と刻み葱をのせて香りをつけ、三杯めはお茶をかけてさらさらと終える。頑固を売り物にする江戸前鰻屋は「お茶をかける」と聞くと気絶するだろうが、こちらは気軽に3つの食べ方で味わい、米粒一つ残さない合理性は名古屋らしい。たいへんおいしいです。

「大甚」は開店前からはやくも行列。

創業明治40年

私が名古屋に行く最大の目的は、日本一の居酒屋「**大甚本店**」に入るためだ。

場所は広小路伏見交差点、地下鉄出口のすぐ前。黒い焼丸太仕上げ3階建ては風格があり、夕方4時開店の30分ほど前から並び始め、暖簾が上がるや一斉に入店。中は奥に深く、8人掛けほどの大机がいくつも置かれ、奥には小机の小上がり。カウ

「大甚本店」の日本一の燗付場。

ンター席はない。メニューはなく、端の大机にずらりと何十種も置かれ湯気を上げるのもある肴の小鉢から好きなものを取る。なくなればどんどん追加され、２５０円からせいぜい３５０円の肴はどれもうまそうで迷いに迷い、初めての人は４つも５つも取って片手で運べない。

だが、ベテランの私は小鉢の人だかりを横目に奥の鮮魚コーナーへ。ガラスケースには刺身サクや一尾成魚が並んで板前が待機する。「これ何?」「白むつです」「じゃ、刺身」「それとアジ焼いて、メバルは煮魚で」「はい、かしこまりました!」。それらはでき上がると届く。そしておもむろに小鉢机から、今日は〈サメ皮煮こごり〉２９０円、〈煮穴子〉３５０円を手に自席へ。あわてなくてよい。主人の「今日は三河のナマコがありますよ、ただし４人ぶんしかない」にそれも追加だ。酒の注文は簡単、燗付場の女将に指を一本立てれば10秒で燗された長徳利が届く。言葉はいらない。

ずらりと並ぶ肴小鉢に目移り。

その、玄関を入ったすぐ左の広い燗付場がすばらしい。堂々たる二連へっつい竈ではつねに大鍋に盃が温まり、右の蒸籠《せいろ》をはめた大羽釜には、長徳利がつねに湯燗されて待機する。酒は広島の特製賀茂鶴、1階と2階用に毎日2樽が届く。

大甚本店は明治40年の創業。3代目主人はデニム前掛けの胸ポケットには栓抜き、シャネルの太縁めがねが定番スタイル。お勘定は残った空皿と徳利を数えてしゃっと五玉算盤を入れて見せる。奥様は不動のお燗番。若い息子・娘たちがきびきび働く店は開店即満員で2階、3階も続々と埋まってゆく。常連は取る肴もきまって30分くらいで帰り、翌日も来る。出張の帰りに2時間だけ寄ってまた新幹線に戻る会社員ファンも多い。特徴を整理すると、

・カウンターで主人相手にちびちびではなく、全員寄り合い祭酒のような居心地。
・何よりも「酒」を大切に扱い、そのゆっくり温めた燗は天下一品。
・肴は自分で取るので注文する必要がない。
・市場から帰った朝8時から総出で仕込む40～50品が、超良心値段。
・主人と奥様がつねに店を見わたしている安心感。

大甚本店

ご主人と私の定席、小鉢机の奥が鮮魚コーナー。ざっかけない雰囲気は居酒屋とはこうあるべきの代表。

〈煮こごり〉〈煮穴子〉はあれば必ず。日本一の燗付場は主役の雰囲気じゅうぶん。その燗酒のうまさたるや！

貝料理・地酒の店
杉むら

剥きたての〈赤貝〉と〈はまぐり〉は、その殻に盛られてみずみずしい。

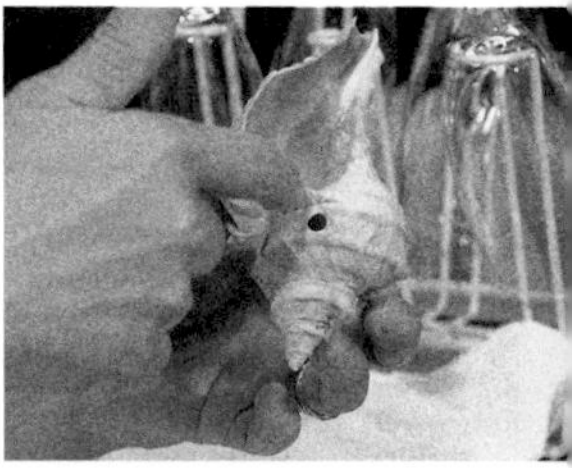

カウンター正面は日本酒ラベルコレクション。
貝の音をぜひ聞いてください。

これほど民主的な酒場はない。かさねて書く、ここが日本一の居酒屋です。

外に出るとはや暗い。よかったなーとあらためて振り返る。

さてもう一軒、次は小さな店でじっくりやろう。栄の「**貝料理・地酒の店　杉むら**」は貝が名物。本日は宮城閖上《ゆりあげ》の日本一の〈赤貝〉と三重長島の〈はまぐり〉の、今開けた新鮮そのものを、赤色がまだらのヒマラヤ岩塩の板に一こすりしていただく。「一回でいいわよ」と言うとおり、二こすりでは塩分が濃すぎる。そのうまさに身震いだ。「やってご覧なさい」と言われて、小穴をあけた大きな巻貝を耳に当てると

「オーン……」という音が。

「私の耳は貝の殻　海の響きを懐かしむ」ジャン・コクトーの詩を思い出した。

（2016年12月7日放送）

店舗情報

いば昇
名古屋市中区錦3−13−22
☎052−951−1166

大甚本店
名古屋市中区栄1−5−6
☎052−231−1909

貝料理・地酒の店　杉むら
名古屋市中区栄4−17−27
エンパイアビル2F
☎052−241−2415

新潟

港の花街と日本酒王国

江戸期に北前船最大の寄港地だった新潟は、幕末の日米修好通商条約による開港5港（函館・横浜・神戸・長崎・新潟）となり、日本海唯一の国際港として繁栄した。

市内の花柳街・古町《ふるまち》は京都祇園、東京新橋と並ぶ三大花街で、最盛期は置屋１５０、芸者３００人を擁し、芸妓は市内の湊稲荷神社に、なじみとなった男客の帰船を遅らせる「荒天祈願」をしたという。祇園が外国人団体客で観光地化、新橋は花柳界が消えた今、新潟古町は往時のしっとりした花街をよく残し、やや薄暗い小路の打ち水された石畳はお茶屋に向う芸者衆とすれちがう風情がある。幕末創業の「鍋茶屋」は車寄せのある立派な木造3階建て

夜のとばりの下りた、古町通りの艶やかな風情がいい。

で登録有形文化財と敷居が高いが、今は周辺に気軽な料理屋もふえた。

鍋茶屋の背側の大通りの向い側、これも江戸末期創業の味覚「**新潟加島屋**」。一番人気の「さけ茶漬」や「貝柱のうま煮」「焼き牡蠣のオイル漬」などの瓶詰めは家

新潟土産ならここ、大きな構えの「新潟加島屋」。広い店内の女性店員たちはとても親切。「鮭の昆布巻」もお奨め。揚物惣菜もあります。

「燕喜館」の広大な庭に面した外廊下。振袖、留袖のお２人の踊る「新潟おけさ」は哀愁をたたえてあでやか。樽を叩いてじゃんけんする「樽拳」はお客との遊び。

に帰っての晩酌によい。

繁栄した港は立派な建物を残し、「旧新潟税関庁舎」（国指定重要文化財）や「旧第四銀行住吉町支店」など壮麗な洋館のある信濃川河口地域は「新潟市歴史博物館みなとぴあ」として、ウッドデッキの建築ウオッチ散歩に最適だ。

風致地区「白山公園」の和風屋敷「**燕喜館**」は、明治から昭和にかけて酒問屋、海運業、銀行などで財閥となった北前船の豪商・斎藤家の邸宅の一部を移築整備したもの。通りに面して丸瓦をのせた板塀、手斧で整えた柱塀、丸柱に大屋根の玄関など外側も風格がある。中は見学でき、広大な塗りの上がり框《かまち》、名園を囲む大廊下、40畳大広間など往時の豪商を偲ばせる。ここも登録有形文化財だ。

日本一の長流・信濃川河口にかかる長大な「萬代橋《ばんだいばし》」をはさんで、東が古町花柳界の旧地区、西が上越新幹線の終点・新潟駅だ。夜の風情はやはり東の古町だが、新潟駅すぐ近くの「駅前楽天地」は、昭和のネオン街だったL字型小路がリノベーションされて、古町にはまだはやい若い人の集まるところになった。「ふくろう」「仲哉」「OLIVE」、角の開放的なバー「ソクラテス」は名前がいい。3階まであるビル長屋は、その3階まで煌々と灯がつく。L字に折れるところの居酒屋「ナカマチ」の若いマスターは、私の最も古い本『精選・東京の居酒屋』を取り出してくれ嬉しかった。

新潟の若い連中はこちら。

3階まで明るく、大勢飲みには最適だ。

明治大正政財界の奥座敷として栄えた古町の、
300人以上の芸妓は美人ぞろいで評判だった。

茶屋街を歩いて

さて夜の本番。古町通り雁木屋根歩道の電飾「新潟美人」シリーズは、古い白黒写真の美人芸者の写真が続いて、「柳都《りゅうと》」と呼ばれた町の伝統を守る意気を感じさせる。通りはいくつかの抜け道横筋が細く通じ、「六軒小路」を抜けでた居酒屋「**古まち　ふじ村**」は、上に白壁を少し残した黒板壁蔵に、玄関は大谷石の四角な切石をゲートのように堅固に組んで重厚な塗り板戸をはめ、古蔵を生かしたモダンな設計だ。中は天井高く2階は吹き抜け、一部を中2階とした座り座敷。蔵造りは柱の間隔を狭めて頑丈にするが、ここは柱間が一尺ほどしかないうえに横筋柱も碁盤目のように等間隔に走るみごとなものだ。1階の長いカウンターには母娘が立つ。

「立派な蔵ですね」

「間もなく壊されると聞き、ここで居酒屋をやろうとその場で決心したんです」

２００５年に開店。古い蔵でも民芸風にはせず、バックバーのように一升瓶を並べるセンスがいい。並ぶのは鶴齢、緑川、北雪、越乃景虎、千代の光など新潟銘酒。品書きから選んだ〈アボカドとマグロのサラダ風〉は、青いアボカドと赤いマグロを交互に重ね、わさびドレッシングをきかせた野菜ベビーリーフをたっぷりのせて、とてもおいしい。

母娘とも同じしゃれたブラウスで姉妹のようだ。やはり女性の店でセンスがいいなと感じていたが、奨められた秋冬限定という〈もつ煮込み〉は八丁味噌に新潟味噌を少し足した味がなんともコクがある。「でも私はこれがいちばん好きなんです」と娘さんが差しだしたのは赤紫美しい秋の名産食用菊〈かきのもと〉の酢の物。私も「おお、これこれ」とご機嫌だが、普通は箸休めなのを彼女は丼いっぱい食べるそうで笑ってしまう。

お勤めをしていた娘さんが、父に居酒屋を始めると言うと渡されたのは、なんと『太田和彦の居酒屋味酒覧』の初版で２００４年の発行。愛読されたそうで古びている。お父上は教職を終えて『新潟の花街　古町芸妓物語』という本を著され、後に読ませていただいたが立派な内容だった。

さてもう一軒は少し先。

「こんばんは」「あら太田さん」

古まち ふじ村

古い蔵をほどよくモダンに使うセンスが居心地よい。母・京子さん、娘・美波さんは姉妹のよう。

（上）赤紫が美しい食用菊〈かきのもと〉は土佐酢にゴマぱらり。（下）秋冬限定〈もつ煮込み〉は出汁を注ぎ足す絶品。

酒亭　久本

「久本」のベテラン板前による刺身。本日はあしらいも美しい〈はちめ〉と〈南蛮海老〉。

美樹姐さんとは今や相思相愛♡〈ぬかイワシ〉・「鶴の友」もまた。このために新潟に通います。

胸前でぱちんと手を叩くのは、今日も地味派手着物がぴたりと決まる新潟芸妓の大女将「美樹姐さん」。「先生いらっしゃい」奥から顔だけだしたのはベテラン板前のお2人だ。ここ「**酒亭　久本**」は新潟に来たら必ず寄るところ。「今日、燕喜館で踊りを見てきたよ」と携帯写真を見せると即「あら、小夏と千秋ね」、さすがご存知だ。

ここで飲むのは新潟酒で最も好きな「鶴の友」だ。まずは姐さんと献酬。今は夏の終わり、〈はちめ（めばる）〉と〈南蛮海老〉刺身の甘さよ。いつもとる〈ぬかイワシ〉刺身は今日はワタの腹身を焼いてくれ、うまいのなんの。さすが日本酒王国の感をさらに深めた。東京からは上越新幹線でごく近い。もうご近所だ。

（2018年10月21日放送）

店舗情報

新潟加島屋
新潟市中央区東堀前通8番町1367
☎0120-00-5050

燕喜館
新潟市中央区一番堀通町1-2　白山公園内
☎025-224-6081

古まち　ふじ村
新潟市中央区古町通9番町1476
☎025-224-7850

酒亭　久本
新潟市中央区西堀通9番町1536-1
☎025-222-3503

京都

古都の個性派をさぐる

京都で必ず昼ごはんに寄るのは、花街、宮川町と祇園にはさまれた「**千登利亭**」だ。名物は〈鯖寿司〉。新鮮な魚のとれない京都は、若狭から「鯖街道」を経て届く鯖を押し寿司にして、京都最高の名物にした。名店はそれぞれファンを持ち、私はここ。

正月も過ぎた今、京都には冬だけの〈蒸し寿司〉がある。しかし脂ののってきた寒鯖の鯖寿司も食べたい。う〜んと悩む私に親方が奨めたのは、蒸し寿司・鯖寿司・鱧箱寿司・巻寿司・お椀の〈京寿司セット・若狭〉２３００円。東京の寿司は握りに海苔巻くらいしかないが、京寿司はいろいろある。そのセットだ。

「千登利亭」ご主人とは顔見知り。帰京する前の日に〈鯖寿司〉を買っておくのも恒例になった。翌日ころがおいしい。

蒸し寿司は丼のちらし寿司を蒸篭で蒸したもの。蓋をあけるとふわんと甘酸っぱい香りの湯気が立ち上がり、錦糸玉子・海老・煮穴子・椎茸などが色鮮やかに艶っぽい。それではと箸を手にひと口。

うまい、ものすごくうまい！　かなり熱々が口の中でほこほこするのを夢中で箸をはこぶ。「顔見世と、蒸し寿司なんですわ」と言うのは、すぐ近い歌舞伎南座

〈京寿司セット・若狭〉は冬のお徳用。

の、11月末から始まる新役者の興行「顔見世」が始まると蒸し寿司の季節になるとの意味だ。楽屋の使いの者がよくとりに来るという。これはセットなので小椀、次はぜひ単品〈蒸し寿司〉１８００円にしよう。冬の京都で食べるものが一つ増えた。

京都は春の桜、夏の川床、秋の紅葉、三大祭など一年中観光期だが、何も行事のない正月過ぎから2月ころが好きだ。それは古都の日常を味わうとき。今回は「個性派の京都」を探ってみよう。案内役をお願いしたのは私の仲良しで、京阪神エルマガジン社で数々の京都本を作っている美人編集者・Mさん。

まず案内されたのは、旧花街お茶屋の大きな木造2階家を若い人がリノベーションしている五条大橋西の「五条楽園」だ。京都には珍しくY字路などが複雑で、青銅葺き唐破風玄関の老舗旅館は健在。外国人向け民泊も多く、角の銭湯「サウナの梅湯」は黒板に

迷路のような五条楽園。

「Public Bath. Adult 430Yen」と書いてある。どの家も玄関屋根には30センチほどの魔除け・鍾馗《しようき》が上がり、それぞれの個性は見飽きない。これ家の守りに欲しいな。

花街の家の特徴はカラフルなタイルで、昭和50年まで京都にあった名工房「泰山タイル」の影響だろう。

タイル壁に大きな円窓が並ぶお茶屋を平成26年にカフェ風に転用した「**モミポン**」は、玄関横をカフェ風にしてお酒やセレクト洋食をいただける。その机も色とりどりのタイルを敷き詰めてかわいく、マスター水口さんも上着が格好いい。

「モミポンて何ですか？」

「紅葉おろしを入れたぽん酢、です」

〈MOMIJI PONZ〉と入る市販瓶は荒波に紅葉が散る

伊達男のマスターは豆腐好き。

「モミポン」の入る建物も茶屋だった。

絵だ。酒メニューにあるブラディマリーならぬ〈ブラディマリコ〉は麦焼酎・トマトジュース・モミポンのカクテルでひりりとした辛みが癖になりそう。おすすめの〈湯豆腐〉は今日は生牡蠣も一個入り、モミポンでいただくとたいへんおいしい。マスターは年間３６０丁食べるという豆腐好きで、それに合うように作ったそうだ。私は３本をお土産に買いました。

骨董、立ち飲み、バー

さて次はＭさんの編集した名著『京都　こっとうを買いに』で紹介された骨董店「アンティークベル」だ。アールデコの素敵なカップもあるが、「理科系」と紹介された真鍮の実験器具や標本ガラスなどの蒐集《しゅうしゅう》が圧巻。オーナーが「美術品として見るのがいいんです」と言うとおりだ。ここに一日居てみたい。

京都町歩きの楽しみの一つは骨董品さがしで、この本は格好のガイドだ。道具や古家具、

色タイル上の鉄鍋湯豆腐、奥がモミポン。

食器や豆皿などは普通だが、どうしてこれが売られるのかわからない店がいっぱいある。北野の「ＨＡＮＡＭＩＺＵＫＩ」（移転）は錆びた缶や鋳物《いもの》のスタンド、歯車などの「錆金属系」。高倉の「パラボラ」は工場や倉庫や船で使っていた実用照明器具の「明かり系」。西ノ京の「ウサギノネドコ」は鉱物や動物の骨格など自然界の不思議な「自然造形系」。

骨董店「アンティークベル」にて。

それは「わかる人にはわかる」独特な世界で、値段云々ではない「美意識」だ。私は「金属もの」フェチ。無垢であることが条件で、量りの重しや、何かの真鍮器具などずいぶん買った。文鎮代わりになるが、今や文鎮だらけだ。京都はそういう店がいっぱいあって飽きない。

タクシー移動した御所西の「**酒場　井倉木材**」は、父の材木会社を継いだ井倉さんが平成24年、材木置場の一角で始めた立ち飲みだ。半室内のカウンターは満席だったので、外飲みしよう。材木の立ち並ぶ構内にビールケースを重ねた机の天板はなんと日本酒一升瓶のキャップを何百と整然と敷き詰めて透明アクリルをかぶせた力作。そこで飲む熱燗、京の冬の逸品タラ白子の〈雲子昆布敷き〉、熱い炭火コンロで焼く〈とようけ屋さんのおあげ〉の、ああなんと美味なことよ！　念願の仕事を始めると決めた井倉さんは、私の本をたよりに日本各地の居酒屋を訪ねて研究したという言葉に恐縮。みごとな名店が誕生していた。

ここでＭさんと別れて向かったのは、仏光寺の「**Bar Rocking chair**（バー　ロッキングチェア）」。オーナーバーテンダーの坪倉さんは、先日、東京・帝国ホテルで開かれた「ワールド・カクテル・チャンピオンシップス東京２０１６」で優勝。そのお祝いを言うためだ。古民家改装の玄関には、京都のバー好きたちの祝い花がずらりと並ぶ。

「このたびはおめでとうございます」

「ありがとうございます」

１位に輝いたのはジンをベースに日本のリキュール〈ミドリ〉などで創作されたカクテル。深く華やかな余韻はネーミング〈ザ・ベストシーン＝最高の舞台〉にふさわしい。

酒場 井倉木材

木材の香りに包まれた外立ち飲みは最高、ベニヤ２枚の墨書大品書きも圧巻。

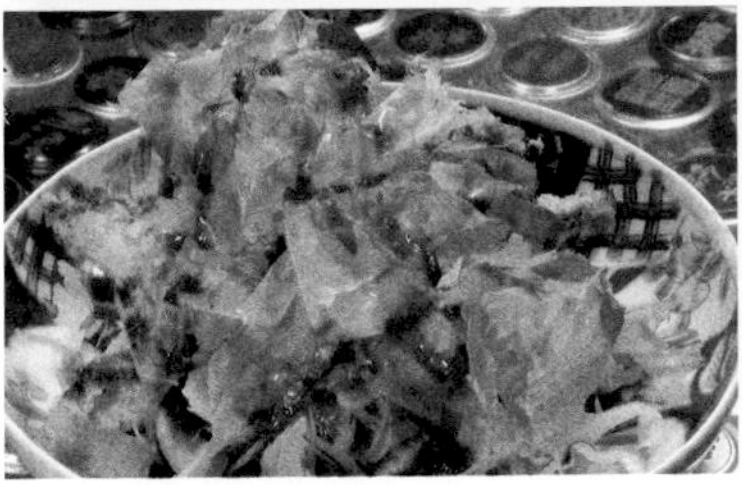

肴がまたすばらしく、さすが太田和彦氏の本で学んだ成果（太田談）。

今日会った4人は誰もが自分の美学を持っていた。「個性派の京都」がここにあった。

（2017年1月7日放送）

「ロッキングチェア」坪倉さんにお祝いを言う。
世界一に輝いたカクテル〈ザ・ベストシーン〉。

店舗情報

千登利亭
京都市東山区団栗通大和大路西入ル井手六軒町203
☎075-561-1907

モミポン
京都市下京区西木屋町通五条下ル平居町19
五條製作所1F
☎080-4379-9933

酒場　井倉木材
京都市上京区藪之内町77-1

Bar Rocking chair
（バー　ロッキングチェア）
京都市下京区御幸町通仏光寺下る橘町434-2
☎075-496-8679

鴨川に沿う河川敷の道は、京都のいちばんよいところ。

福岡

食パワー全開の町

戦国の軍師・黒田官兵衛の第一子・長政が１６０１年から7年をかけて築城した福岡城の天守台に立つと、遠く玄界灘を望む手前の福岡市内が一望だ。長政は築城後、地名・博多を福岡に改めたが、中央を流れる那珂川の東の商人らは認めず、以来西が城下町・福岡、東が商人町・博多と定着した。

まずは市場に行ってみよう。「安さ、うまさ、新鮮さ」をうたう柳橋連合市場は南国らしく開放的に露店が並び、砕氷には太刀魚、カレイ、動いているフグ、春に筍と同時に出回るタケノコメバルなど、玄界灘をはじめ九州全域の魚貝が集まる。圧巻は鯨で、尾身、百尋《ひゃくひろ》な

柳橋連合市場は鯨が充実して見とれる。

どあらゆる部位がそろう。今夜はこれかな。

歩いたら昼飯。私のごひいき、明治42年、福岡最初の中華料理店として開業した「**福新楼**」は、玄関に狛犬、クロークで受付嬢が迎える大楼だ。博多に安いうまいは数々あれど、よい年齢の身にはきちんとした店

落ち着いた名店「福新楼」は２日続けて行ったこともある。〈博多皿うどん〉は味よくボリューム満点。

夜の那珂川に屋台の灯りが映る。

がいい。名物〈博多皿うどん〉は、先代が長崎のちゃんぽん麺を保存のため油で揚げると、あんかけの具とよく合って大人気メニューとなった。たっぷりの具になかなか下の麺までたどりつかない大盛りを、品のよい老夫婦が一人一皿をきれいに平らげていて、福岡人の食パワーを感じた。さすが名店、ものすごくおいしいです。

さて待望の夜となりにけり。福岡・博多を分ける那珂川の春吉橋に立つと、闇の訪れ始めた川沿いで営業を始めた屋台の灯が川面にゆらめいて、なんとも魅力的だ。

今の飲食激戦区は春吉橋の西。辛子明太子、豚骨ラーメン、もつ鍋など福岡発の名物は数多く、特徴はずばり「濃厚で辛い」。しゃれっ気ゼロ、食欲の本音で勝負という意気込みがみなぎる。〈博多辛旨そば　生卵・ニラ・唐辛子　ぐるぐるまぜてうまいから〜いご飯投入で2度おいしい　替え飯無料!!〉〈博多さ来とうならもつ

春吉橋。さあて、どこから行くかな。

鍋食べんね　一人もつ鍋　出張大歓迎〉など、キャッチフレーズだけで圧倒され、歓楽街に欠かせない深夜薬局も煌々と灯がついている。しかし私も70歳を超えてパワー減。もう少し落ち着いた店と、平成23年開店「**酒肆**《しゅし》　**野**《の》**一色**《いっしき》」の小階段を上がった。

「野一色はよい店名ですね」「はい、私の姓なんです」

　福岡でも聞いたことはないそうだが、品のよい小料理屋にぴったりだ。さあ口開けの一軒め。全国銘酒品書きの「野一色オリジナル袋吊り」はホテルニューオークラ福岡など十数の飲食店が、田植え・稲刈・仕込み・搾りと共同で手掛けた酒だそうで、深いコクと旨味は濃厚な味に慣れたこの地にぴたりか。〈くじら入り盛り合わせ刺身〉のベーコン、うねは咀嚼力の落ちた私にも噛み切れる柔らかさで、この酒に合う。

　大阪から始めて13年修業した野一色淳一さんは男らしい低音ボイスが魅力だが、私は対照的に艶やかなお声の白割烹着美人若奥様に心は♡。ともに福岡出身だそうで、では福岡男の気質を聞いてみよう。淳一さんは控えめに「ウーン……見栄っ張りではあると思います」と答えるが、「酒が入るとお金がないのに、みーんなおごっちゃる、でも家に帰るとごめんな

酒肆 野一色

鯛、ブリ、しめ鯖炙り、赤貝、くじらベーコン、うね、いかウニ巻。力強い酒「野一色」が合う。

きちんと修業を積んだ料理、美人奥様の接客、福岡で落ち着いて飲める店が増えたよろこび。また来ます。

さいと謝ってる」と補足する奥様に頭をかいてるのがいい。魚のシログチすり身に梅肉・紫蘇・おぼろ昆布を和えた〈自家製かまぼこ〉がすばらしい。味も人柄も、通いたい店がまた一つ増えた。

西日本一の名店

次はおなじみへ。中央区舞鶴の「**さきと**」は、私が居酒屋探訪を始めた最初期の１９９７年に初めて訪れて以来たびたび訪ね、ここで酒と魚、そしてよい店とはを学び、「西日本一の名店」と何度も本に書いた。

カウンターだけの小さな店の棚にびっしり貼られた酒料理の品書きには目がくらむ。今や丸刈り白髪となった松本巧さんは、長崎・崎戸島の出身。鮮魚卸市場から魚屋と勤め、目利きと調理を学び開店した。その味と誠実な人柄に全国からファンが集まり、客同士の「さきと会」ができているほどだ。冬の今は一本ごろりに見えるが、紙のように薄切りし

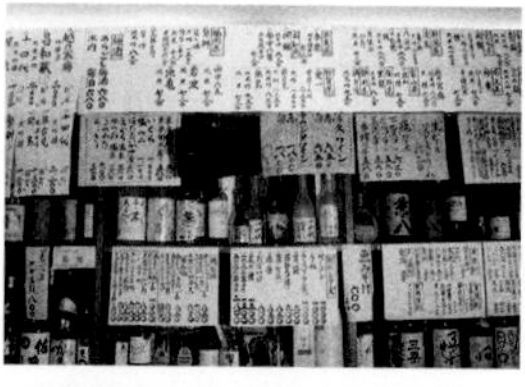

正面を埋め尽くす品書き。

さきと

〈ごまさば〉は福岡のどこでも出すが、ここのは別格。これを大分では〈りゅうきゅう〉と言う。

実直な主人に、客もきちんとした人ばかり。「西日本一の名店」は不動。下が包丁冴える〈赤なまこ〉。

てある〈赤なまこ〉が絶品。不動の名品〈ごまさば〉はゴマの香りと九州の甘い醤油があいまって、初めて食べたときの感動が忘れられない。さらにその上等版〈鯛ごま〉、それに出汁をかけた〈鯛ごま茶漬け〉は拝みたくなる。それらが質素な古皿にさりげなく盛られる奥ゆかしさ。使う徳利、盃も申し分なく、そのこともここで学んだ。

今日はちょっと固いことを聞いてみよう。

「この仕事の良さは何ですか？」

「食べてにこにこする顔を見られ、お金いただいて有り難うも言ってもらえる、とてもいい商売です」

奥様の美香さんがにっこりして店中に笑顔が広がった。値段は安いのに、客は節度をわきまえた紳士淑女が多く、まさに大人の名店ここにあり。

外に出て春吉橋に戻るとずらりと屋台がいっぱいだ。成り上がろうとする若さの覇気の店、大人が通える実力店、そして気軽な屋台。まことに福岡の居酒屋はパワー満開だ。私の行きつけは「**屋台ＢＡＲ　えびちゃん**」。先代・海老名昭夫さんが、屋台でバーなんて３ヶ月で

「屋台BAR　えびちゃん」は2代目になりました。

つぶれると言われたのがもう30年前。今は息子の剛さんが継いでいる。小さなコの字カウンターは満席、隣りのぴちぴち女子4人は卒業旅行で新潟から来たそうだ。

「はるばる来て屋台バーなんて、しゃれてるね」「来てみたかったんです〜。最高！」とご機嫌顔が嬉しい。カクテルは本格派。ふうふう吹いて飲む冬の〈ホット・バタード・ラム〉は添えたシナモンスティックの香りがいい。結論、福岡最高！

（2017年3月8日放送）

店舗情報

福新楼
福岡市中央区今泉1-17-8
☎092-771-3141

酒肆　野一色
福岡市中央区春吉3-26-27
晴好六番町2F
☎092-791-8972

さきと
福岡市中央区舞鶴2-8-25
☎092-781-8778

屋台BAR　えびちゃん
福岡市中央区天神4-2-1
日本銀行福岡支店前
☎090-3735-4939

金沢

百万石の町の常連に

北陸新幹線開通で行きやすくなった金沢の今は冬。左右に松の梢高い屋敷が続く「長町武家屋敷跡」地区は、通りをはさむ粗土塀の下半分を藁で編んだ「薦《こも》」が覆っている。冬の北陸は一日のうちで激しく天候が変わり、今も突然ばらばらと霰《あられ》が襲い、瓦に音をたてて跳ね散った。そしてすぐまた青空が。

抜けたところの「金沢市老舗記念館」は、藩政時代の大きな薬種商「中屋薬舗」を復元して金沢の町人文化を紹介し、三和土《たたき》の土間に座売り座敷が広く、帳場や薬箪笥、古い看板などが並ぶ。靴を脱いで上がった奥座敷の、天井からいくつも下がる「花嫁のれん」は、婚礼

長町武家屋敷跡の冬は土塀に「薦掛け」される。この後、ばらばらと大粒の霰が降ってきた。

当日、嫁ぎ先の仏間入口に掛けて花嫁はそこをくぐって婚礼に臨み、その家の人になる。両家の家紋に牡丹と孔雀、梅花と鴛鴦《おしどり》など女性らしい華やかさは、娘の幸せを託して一生一度しか飾らないものだ。

金沢の婚礼は派手なしきたりで知られ、

もと薬種商の「金沢市老舗記念館」。家紋入りの「花嫁のれん」は女性のあこがれ。

長町武家屋敷跡、薦掛けの屋敷塀、梢高い松、残り柿、雪、これぞ金沢。

床の間からあふれ畳座敷いっぱいに並ぶ十幾つもの結納品は、鶴亀や鯛などを立体的に編んだ「加賀水引」で飾られ、美術品としても豪華。さすがは加賀百万石だ。合わせて並ぶ、子供の魔除けになるという「加賀手まり」もまことに愛らしい。

加賀水引のみごとな細工は美術工芸品。

金沢に名料亭数あれど、今回はぐっと手軽にゆこう。かつて藩の材木倉のあった木倉町は親しみやすい店が続く。中ほどの、表札がわりのように〈全国地酒〉とある老舗居酒屋割烹「**源左ェ門**」はなじみだ。

「こんちは」「お、いらっしゃい」

なじみといえども何年ぶり。長いカウンター上の太い一本丸太、よしず張り天井を斜めに支える丸太の梁など、地名の木倉町にふさわしい豪快な造りは変わらない。板場に立つ息子さんは、すぐ店を継ぐのが嫌で自分でやりたいとあちこちで修業を重ねたが、8年を経てここに戻り父子居酒屋となった。

「どうだい気分は」「オレの店としてがんばります」「可愛い子には旅をさせろ」「あはは、いや」とお父さんは嬉しそう。白割烹着がぴたりのお母さんも目を細める。

冬のお通し〈タラの真子煮〉をつつきながら品書きを見聞。刺身に続き〈ぬたあえできます〉としてバイ貝・赤貝・たこ・〆サバ。〈酢の物〉として金時草・あんきも・白子・生子・わかめ・たこ・岩もずく。しかし何と言っても、冬の2ヶ月しか出ない〈香箱がに〉だ。名品〈加納がに〉は8000円するが、その雌のこちらは1700円。丁寧に身を出し、小ぶりの殻いっぱいに盛ったのはうすピンクの脚身も、白い殻身も、オレンジ色の卵も、黒い味噌も、かにのすべてを味わえる結構なボリューム。合間に奥能登・宋玄「墜道蔵《ずいどうぐら》」の熱燗をきゅー、うーたまらん。

わりあい広い店のテーブル席には若い女性もふくむ地元客や旅行客らしきで、みな楽しそうだ。冬の旅は腹も心も温まる。ここはぴったりだな。

源左ェ門

冬はこの〈香箱がに〉。自分では剥けないのを丁寧に無駄なく仕立ててくれる。うまいですぞ〜。

気取らない大きな店内は、一人でも大勢でも。気合も入った息子を迎えて安泰。

新天地探検

そこからさらに奥の「新天地商店街　ふれあい地蔵通り」は戦後闇市から発したディープな飲み屋街だったが、今はきれいに雪をかたつけた通りの両側は、小さなイタリアンレストランやセンスを感じるバー、ガラス越しに見えるカウンターが居心地よさそうに女性客の方が多いワインバーなどしゃれた店ばかり。

かつてここで入った小さな居酒屋の年配女将は「このへんは、昔は女の子は歩いてはいけないと言われたけど、今は若い人ばかり」と笑っていた。闇市は昔の話、今は若者の通り。金沢の新しい息吹がここにある。角で通りの変遷を見てきただろう、赤い帽子によだれかけの小さな地蔵堂「開運地蔵（新天地地蔵尊）」に手を合わせ、ぐるりと回ると元のところに戻った。

新天地商店街　ふれあい地蔵通り

金沢には何度来たかわからず、泊るホテルも決まっている。東山茶屋街、兼六園、泉鏡花記念館、金沢21世紀美術館など、おもだったところは行き尽くし、近江町市場は必ず寄り何か買って送る。

夜の酒も、金沢名物おでんは「おでん高砂」「菊一」。小体《こてい》な気の利いた居酒屋なら香林坊から武家屋敷に向かうせせらぎ通りの「猩猩《しょうじょう》」。4時半からやってる模範的大衆割烹「大関」のおかみさんは最初の一杯はお酌してくれ、板前ご主人の包丁冴える刺身は欠かせない。ちょっと気張って割烹「浜長」は豪華な加賀料理の精髄を気楽に味わえ、大将の「承知！」の掛け声がいい。その後のバーは、「倫敦屋《ロンドンヤ》酒場《バー》」（いくつも部屋のある中で私はマスター相手のカウンター派）、「スプーン」（ハードなバタフライシェークの実力派）、皆顔見知りだ。

通人は京都を避けて金沢に行くというが、金沢の店の水準はとても高く、私の知らない高級店もいくらでもあるだろう。北陸新幹線の開通で爆発的に訪れる人が増えたがそれも沈静化。「第二の京都」として、定期的に訪れる街になった。

オーナー宮川元氣さんはブームとなる十数年前からハイボールを店名にし、初めは「ハイボールって何ですか？」に答えるのが仕事だった。まちがいなく「日本一のハイボール」がここです。

私の金沢行で、例えば最初と最後に必ず顔を出すのが、バー「**広坂ハイボール**」のカウンターだ。白いバーコートがきまるオーナー宮川さんは、本場神戸で10軒以上も入り、伝説の「コウベハイボール」で開眼。それを目標に平成元年にここを開いた。宮川さんのお弟子さんが近ごろ開いた地ビールバー「ジビルバ」（ベタなネーミングです）も気さくでとてもよかった。

　デュワーズホワイトラベルを使う看板酒「ヒロサカハイボール」のうまいこと。他にハイボールは30種もある。メニューは気楽な漫画入り手書き、黒板には〈バーのオムレツ〉〈上海ソーメン〉などおつまみいろいろと、気取らない雰囲気が最高だ。〈カキ貝・たくあん・玉子〉のスモーク三点盛りに合わせ、ウイスキーをクラガンモア12年にしたハイボールが合う。さあ後はゆっくりやるぞ。

人と店に酔う金沢よいとこ、こうして冬の夜は更けてゆくのでした。

（２０１８年２月６日放送）

スモーク三点盛り

店舗情報

源左ェ門
金沢市木倉町５−３
☎０５０−３４９１−８４５９

広坂ハイボール
金沢市柿木畠４−９　２F
☎０７６−２６５−７４７４

神戸

おしゃれな町を散歩して

エキゾチックな港町、神戸。海岸に近い旧外国人居留地は阪神・淡路大震災にも残ったクラシックなビルが立ち並び、しゃれたショップが入って外国の町を歩くようだ。明治期に外国人は山手の北野に住み始め、その洋館は今も残って異人館巡りは人を集める。

北野坂に並ぶ3軒はどこも中を見学できる。英国人フデセックが建てて住んでいた「英国館」の庭に面した応接間はバー「キング・オブ・キングス」として営業、イギリス直輸入のバーカウンターで飲む「コウベハイボール」は濃くてうまい。フランス国旗が揚がる「洋館長屋」の1階はテーブルセッティングされた客間で、飾り棚には洋皿が飾られる。部屋は装

「洋館長屋」は明治41年地区の２世帯アパートで、ここは客間。

飾柱でつながり、赤い柄の壁紙の寝室、続く子供部屋は小さな乳母車や木馬が外国童話のよう。２階の居間は地味な外観からは想像できない豪華な家具が並ぶ。隣り「ベンの家」に住んでいたのは冒険家で、各部屋に飾られた白熊や虎、大鹿の剥製が迫力

冒険家「ベンの家」は剥製がいっぱい。

地元密着、神戸の台所「東山商店街」はなんでもそろう。

満点だ。それぞれ明治にこんな本格の西洋式生活がされていたんだと感心する。

一方、地元の生活ももちろんあって、かつて映画館や芝居小屋で賑わった湊川は、今は「東山商店街」として魚、野菜、惣菜などのそろう「神戸の台所」だ。通りまでスチロール箱を重ねた「鮮魚あら井」の美人店主は白いサバフグを手に、ここに買いに来るのは殆どプロの方とか。その先の「七海水産」はあらゆる貝が並ぶ貝専門でうまそうだ。

待ち切れず昼酒といこう。鯉川筋に午後3時から開く「**酒商熊澤**」は、今神戸のセンスよい若い人に人気の、古民家の戸や欄間などをモダンに使ったしゃれた店。1階は立ち飲みで、すてきな女性客が奥で一人、グラスを手にしている。では私もと酒メニューを見るが、仙介、琥泉《こせん》、但馬《たじま》、加古屋、灘菊など知らない銘柄ばかりで、さすが酒の本場・灘にはいろいろある。カウンターに立つ美女3人の一人、日本酒に詳しい店主・小林さんに奨められた「雪彦山《せっぴこさん》・純米原酒しぼりたて」はしっかり味がのってキレがいい。

「酒商熊澤」の1階カウンターで美人相手に。

けれどもここでは一杯だけ。狙いは2階、同じ経営の貝専門居酒屋「**ボンゴレ**」だ。私は2度目。「今日、東山の七海水産に行って来たよ」と言うと「私もあそこで仕入れてます」と笑う。お通し〈あさりのスープ〉で肝臓の準備。燗酒

名前がすてきな「雪彦山」。

ボンゴレ

〈季節の貝盛り合わせ〉は貝好きの私にぴったり。
貝の風味を生かす、付けたれ醤油も苦心の作。

定番〈ムール貝ワイン蒸し〉は貝殻ですくって食べる。ハンサムなマスターと貝好きで意気投合。

を頼んでまずは〈季節の貝盛り合わせ〉。本日〈西貝・帆立・赤貝・北寄貝・牡蠣〉の、色と形を意識した美しい盛りつけに「貝愛」が見え、鹿児島の甘い醤油をベースに、たまり醤油・うす口キッコーマン・煮切り酒を煮て泡立てた付けたれ醤油が、貝の生臭みを上品にさせる。〈月日貝のグラタン白みそ仕立て〉は工夫されたうまさ、定番〈ムール貝ワイン蒸し〉は卵黄とチーズのカルボナーラソースがかかってひと味ちがう。好漢店主に貝の魅力を尋ねると腕を組み「食感、加熱した甘味、ダシ、ですかね」。まことにそのとおり。使った貝殻は店内にあふれ、小物入れにしようと真っ黒なムール貝殻を一ついただきました。

修業して独立

神戸山手を東西に走る中山手通りの「神戸サウナ&スパ」を目印にさらに北に上がる繁華街「東門街」の東隣りに並行する、私が勝手に「裏東門街」と言っている細い通りは充実している。とば口の「酒《さ》糀《か》家《や》」は地下のわりあい広い店で大きな机がいい。その先の「哲粋」こそは、私が20年以上前、神戸で初めて立派な居酒屋があると通い詰めた店。「上等居酒屋」

と名乗る店主のみなぎる気合はみごとな味、居心地を作っていた。数年前手打ち蕎麦を〆にした高級コース料理に変わり、ひとり酒派の私は縁遠くなってしまった。顔だけだして「ぜひまた」と言われており、こんど誰かをお誘いしよう。

しかし、そこで10年修業した弟子が、この通りの突き当たりに「**すぎなか**」を開店、以来そこが定席に。カウンター主体の上品で落ち着いた雰囲気、１００種におよぶ料理、頭を剃り落とした主人の支度も哲粋を受け継ぎ、さらに最近は創作料理の幅もどんどん広げている。それは〈季節の炊き合わせ〉と決めたお通しに明確に表れ、今日の一見何気ない〈菜の花・子持ち昆布・芽キャベツ・カブの葉〉の「春」の演出の鮮やかさ。「ウ～ン」と悩んで決めた〈甘えび醤油漬〉〈針いか刺身〉は素材を最高に生かしている。酒のそろえはあえて灘以外にしたというのも神戸では新鮮で、ぜひ飲んでみてくださいと奨められた、三重「而《じ》今《こん》」の蔵の「高砂」は、１合１６２０円と高いが天国的なうまさ、ラベルデザインもすばらしい。

しかしこれは一杯だけ、次は安いのにして、頼んだ肴は料理人が最も緊張する注文、煮魚。その〈宝石ハタ煮魚〉だ。しばらく無言で鍋につきっきりで煮汁をかけまわして届いたそれ

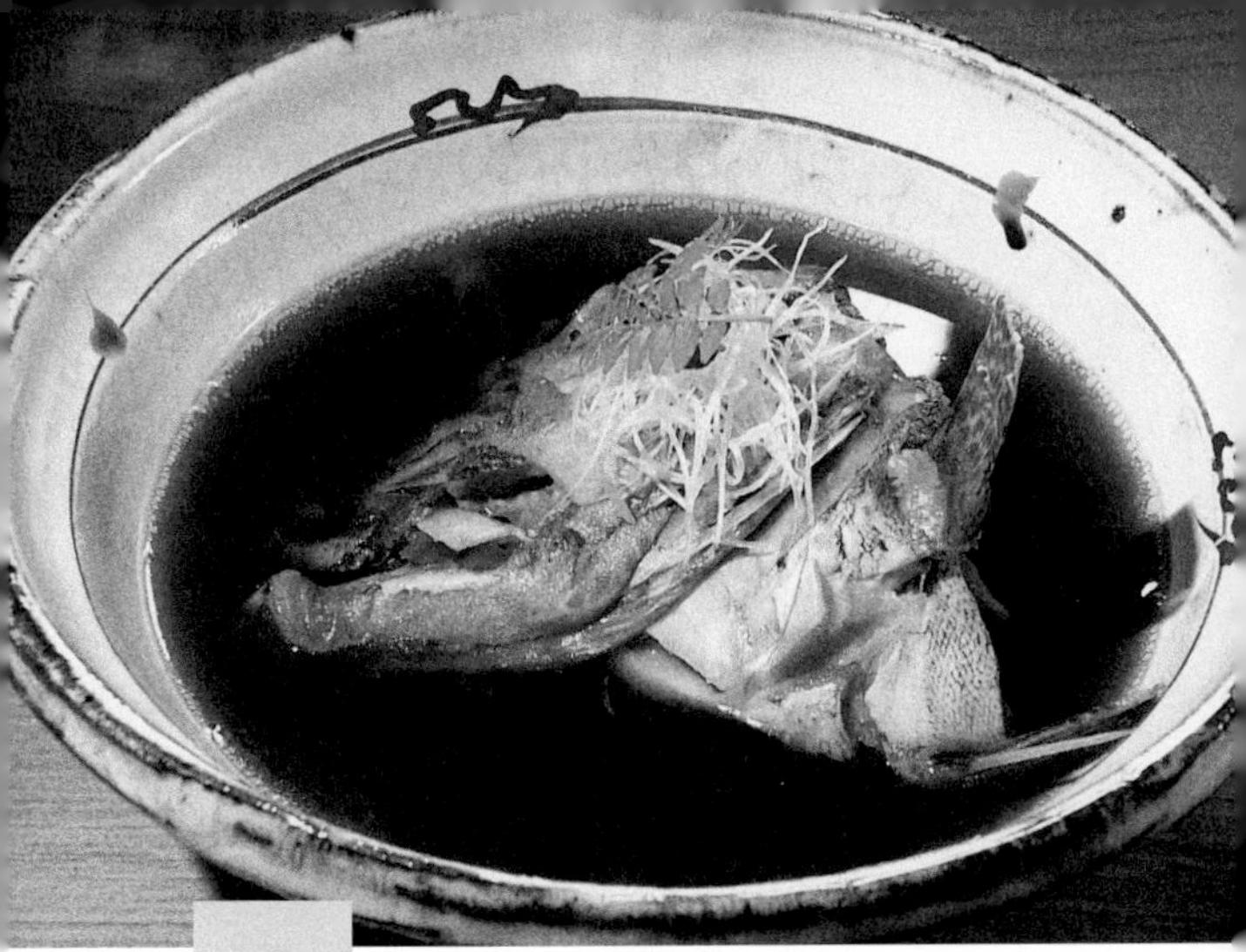

すぎなか

料理人が最も緊張するのが煮魚。片時も目を離さない仕事の結晶をいただく。

「哲粋」時代から知っているご主人は、すっかり風格がでてきた。神戸に来たらここがある。

は、酒、味醂、昆布出汁などは一切使わず、水と和歌山の醤油だけで炊いたもの。そのきりりと冴えたみごとさにうなる。

注目したのは盛られた角皿だ。料理の皿はみな形も肌合いも柄もちがうが、すべて良いものと気付いていた。聞くとなんと、みなお母さんの作品とのこと。「陶芸家などとはいえない素人です」と謙遜するが、多少は心得のある私にもわかるまことに立派なものばかりだ。「哲粋には10年いて、もう少し修業するつもりだったが、母が病気になり、安心させようと、母の作ったものをすべて使って独立を決意した」という言葉がいい。

背中いっぱいの頑丈な棚に重なる皿小鉢は息子を見守る母だ。私が初めて入ったときからここが気に入ったのは、それを感じたのかもしれない。

（２０１９年3月24日放送）

店舗情報

酒商熊澤
神戸市中央区北長狭通4−4−15　1F
☎０７８−３３３−００８７

ボンゴレ
神戸市中央区北長狭通4−4−15　2F
☎０５０−３５０３−０７６０

すぎなか
神戸市中央区中山手通1−9−8
☎０７８−３９３−５１１５

197　神戸

波止場神戸。片足かけて裕次郎を気取りたい。

長崎

男は親切、女は美人

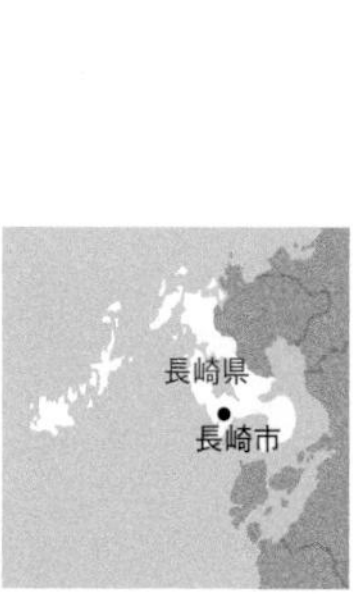

私は両親が戦前に中国で結婚し、敗戦後の昭和21年３月、北京の日本人収容所で生まれた。生後３週間で引揚げ船に乗り、初めて踏んだ日本の地が長崎だ。一家は長崎の母の生家でしばらく休養して、父の実家である長野県松本に向い、戦後の生活が始まった。気候温暖で食物豊かな長崎で育った母は、寒さ厳しく産物のない山国で苦労した。松本と長崎は遠く、里帰りもままならなかった母はいつも長崎を懐かしんでいた。

長崎に来ると手を合わすのが、鎮西大社お諏訪様「諏訪神社」だ。いくつもの石の大鳥居をくぐり、石段１９３段を上がりきった眺めは、湾をはさんで対岸の山の上まで続く家並み

後ろの門の一段下は秋の大祭「長崎くんち」のメイン舞台。

が一望だ。長崎は坂の町。その眺めの方に行ってみよう。

徳川幕府の鎖国政策のはるか以前から長崎は中国との交易が盛んで、長崎華僑は自分たちの寺「唐寺《とうでら》」を建てた。１６７７年築の「万寿山《まんじゅさん》聖福寺《しょうふくじ》」はその一つで、京

赤い瓦、雄大な反り屋根の「万寿山聖福寺」大雄宝殿。明治中期に作った「鬼塀」に埋めた幕末ころからの古い瓦は見飽きない。

創業370年になる「花月」は格式高く、歴史資料も見ごたえあり。左下は龍馬がつけた刀傷、右下は「春雨の間」。

都や奈良で見る寺とはちがう。例えば瓦屋根の反りの深い伽藍は異国情緒があり、正殿前はソテツの大樹が立つ。一角の「鬼塀」は、明治中期の廃屋に残った鬼瓦や、鯱、波影、桃花などの瓦を組み込んで塀にしたみごとなもので一見の価値あり。

　西欧人もつねに居た長崎は貿易商談や接待の花街が栄え、丸山は江戸吉原、京都島原と並ぶ日本三大遊廓と言われた。１６４２年以来の「花月」は唐船主や井原西鶴、向井去来、太田蜀山人《しょくさんじん》、高島秋帆《しゅうはん》、頼山陽ら文人墨客《ぼっかく》も多く訪れた。今も「史跡料亭」として続き、昼は予約で卓袱《しっぽく》料理をいただける。紅白提灯が格式をもって華やかな玄関に着物の女将が正座で迎え、若い仲居さんが案内。奥の資料館は、坂本龍馬ののびのびとこだわらない筆跡や、出島でオランダ人に迎えられる芸妓の絵、明治元勲の書額などが興味深い。

庭に面した「春雨の間」は、タイル床に椅子とテーブルの日本最初の洋間ながら、天井は和式の格天井に錦絵、ガラス窓の木の桟は中国風と、様式混淆《こんこう》がおもしろく、2階の「竜の間」は、長崎に滞在して海援隊（亀山社中）を画策した坂本龍馬がよく訪れ、床の間の柱には酔っ払って刀を振り回した際にできた傷が残る。中国や欧州の料理を長崎風にアレンジしてできた卓袱料理はバラエティ豊かだ。

母の故郷で飲む酒

中島川に架かる眼鏡橋などの石橋群、出島、中華街など長崎は見どころ多く、市電が縦横に走るのも市民生活感があっていい。昔から外

正面は眼鏡橋、中島川は下を歩ける。

夜を迎えた思案橋横丁に出陣。

の人に開けた長崎人は「男は親切、女は美人」が定評、市電の乗り換えを尋ねると連れて行ってくれ、道行く美人は西欧風の顔立ちを感じる。

丸山遊廓に通じる思案橋通りは「行こか戻ろか」思案の橋が架かり、今も親柱だけが残っている。右に分かれた「思案橋横丁」いちばん奥の「**桃若**」は、昭和6年、土佐から出てきた芸妓が源氏名で開店したおでん屋で、私は20年通っている。

「こんちは」「あら太田さん、いらっしゃい」

迎える女将は3代目。魚豊富な長崎のおでんは練り物がおいしく、鍋前を4代目の息子に譲ったお父さんと総出で種を仕込み、名物〈特製かまぼこ〉はお父さん、人気の野菜巾着〈ふくろ〉はお母さん、欠かせないイワシのかまぼこ〈わしかん〉は息子と担当が決まっているそうで、まさに家族の店。ちなみに長崎のかまぼこ

桃若

「桃若」の気楽なカウンターは笑い声が絶えない。「よかよ、食べてきんしゃい」の長崎言葉が嬉しい。

えそすり身・いかミンチ・海老などが入る〈特製かまぼこ〉と〈ごぼ天〉。長崎おでんは練り物がいい、ここに座って世間話は長崎時間。

（かんぼこ）はすり身や野菜の練り物を揚げたものを言う。

飲むビールは三菱の企業城下町ゆえキリンビール。この店は「出張デビュー」が多く、他県の人ははじめ「おでんが甘い」と洩らすそうだ。それを柚子胡椒で食べるのがいい。入るとすぐのＬ字カウンターは気さくで明るい女将を囲んで和気あいあい。人慣れしている長崎の人は気軽に話しかけてくれ、旅の酒が楽しくなる。

昼に参拝したお諏訪様の山の下の「朱欒《ざぼん》」は昭和28年の開店。鉄輪つるべ井戸泉水のある玄関がしっとりと迎える落ち着いた店内は、白洲正子好みと言いたい上品な民芸調で、朝鮮箪笥や大絵皿に、長崎らしくオランダ人形いろいろが愛らしい。

「こんちは」「太田さんすこし久しぶりとね、待っとった〜」

ここも私は通ってながく、水商売気の全然ない素人っぽい3代目女将を親戚のように感じてきた。家庭を基礎にした小料理はまことにすばらしく、親戚を訪ねたらあれこれ言わないように、ここでは「これ食べなさい」に素直に従う。出てきた、すべて３００円の〈ゴーヤの佃煮〉〈イワシの味噌なます〉〈キュウリとクラゲの酢の物〉〈イモのつる〉はしみじみ

朱欒

お代わりしたこともある〈ざぼん揚げ〉は自慢の品。

少しずつがありがたい小料理は、合わせた器もみごと。長崎女性は働き者と言うお母さん、また来ます。

とおいしい料理名人母の味。とりわけ今日は手に入ったという長崎名品・金太郎イワシのなますは絶品。名物〈ざぼん揚げ〉はすり身の揚物で隠しのニンニクが効く。海老すり身をパンではさんで揚げた長崎だけの〈ハトシ〉も欠かせない。

日本酒のない長崎で最近ようやくこれはと飲まれるようになった「六十餘洲《よしゅう》」は、ほんのり甘口でやはり長崎好みか。

ここに座ってゆっくりやるのはまさに実家のくつろぎだ。そろそろお歳も重なるお母さんは「長崎の女はぶらぶらしとるのが嫌いでよく働く、だから健康」と笑う。

自分は大陸で生まれ、他人に気難しい信州で育ったが、男は親切、女は美人、ウエルカムと人を迎える長崎が大好きだ。私は母の故郷、長崎人なのだ。

（2019年9月2日放送）

店舗情報

桃若
長崎市本石灰町3—1
☎095—823—3392

朱欒
長崎市下西山町1—7
☎095—822—3574

鍋冠山公園から見下ろす長崎港。悠然と船が行く。

太田和彦（おおたかずひこ）

1946年中国北京生まれ、長野県出身。デザイナー、作家。東京教育大学（現・筑波大学）教育学部芸術学科卒業。資生堂宣伝制作室アートディレクターを経て独立。2001～08年、東北芸術工科大学教授。本業のかたわら日本各地の居酒屋を訪ね、数々の著作を発表。著書に『老舗になる居酒屋』（光文社新書）など多数。BSイレブン「太田和彦のふらり旅　新・居酒屋百選」出演中。

BSイレブン「太田和彦のふらり旅　新・居酒屋百選」

太田和彦さんが、昼は古き良き街並みや古刹を散策。夜は地域に根付いた“上質な居酒屋”を厳選して訪問し、店主こだわりの料理や銘酒をじっくりお見せします。さらに、太田流の酒飲みの作法や、杯・器のウンチクもご紹介。

放送時間：毎週月曜日よる8時～　放送中
（2020年10月より毎月1回水曜日のよる8時～に変更）
製作著作：日本BS放送株式会社
番組制作：ＶｉＶｉＡ

太《おお》田《た》和彦《かずひこ》のふらり旅《たび》　新《しん》・居《い》酒《ざか》屋《や》百選《ひゃくせん》　名酒放浪編《めいしゅほうろうへん》

2020年9月30日　初版1刷発行

著　者 ── 太田和彦
協　力 ── 日本BS放送株式会社（BSイレブン）
装　幀 ── アラン・チャン
発行者 ── 田邉浩司
印刷所 ── 堀内印刷
製本所 ── ナショナル製本
発行所 ── 株式会社 光文社
東京都文京区音羽1-16-6（〒112-8011）
https://www.kobunsha.com/
電　話 ── 編集部 03(5395)8289　書籍販売部 03(5395)8116
業務部 03(5395)8125
メール ── sinsyo@kobunsha.com

装丁・本文レイアウト　横須賀 拓

落丁本・乱丁本は業務部へご連絡くだされば、お取り替えいたします。

 ISBN 978-4-334-04496-1